走进历史深处

——你所不知道的西藏故事

西藏自治区网信办网络新闻信息传播处　编著

西藏藏文古籍出版社

图书在版编目（CIP）数据

走进历史深处 / 西藏自治区网信办网络新闻信息传播处编著. -- 拉萨 : 西藏藏文古籍出版社, 2017.9
ISBN 978-7-80589-998-5

Ⅰ. ①走… Ⅱ. ①西… Ⅲ. ①西藏—地方史—通俗读物 Ⅳ. ①K297.5-49

中国版本图书馆 CIP 数据核字（2017）第 191559 号

走进历史深处

编　　著	西藏自治区网信办网络新闻信息传播处
责任编辑	曾　恒
出　　版	西藏藏文古籍出版社（拉萨市色拉路 22 号）　邮政编码：850000 西藏藏文古籍出版社第二编辑部（拉萨市林廓北路 20 号） 打击盗版：0891-6930339
印　　刷	三河市聚河金源印刷有限公司
经　　销	全国新华书店
开　　本	16 开（710×1 000）
印　　张	15.5
版　　次	2017 年 10 月第 1 版第 1 次印刷
标准书号	ISBN 978-7-80589-998-5
定　　价	58.00 元

第一章　远古文明：古老王朝中的人和事

无论是藏传佛教还是本教，在其发展过程中，都避不开一个有意识的事物，那就是伏藏。之所以说是有意识，是因为这些宗教典籍是便于后人有意识地发掘而有意识地埋藏起来的。

同样，对于有心了解西藏历史，尤其是远古历史的人来说，更要有意识地发掘那有意识地隐藏起来的事情。因为任何人都躲不开“本说本、佛说佛”的宗教史观，即便是敦煌文献也不能免俗。

第一节 大鹏的影子

“云珠之好者，一珠易一良马”，这是《新唐书》中的记载。云珠，古今中外，有各种称呼，但直到上世纪九十年代，才有“天珠”的叫法出现。

2014 年，在狮泉河上游的札达县曲踏古墓葬中发现了明确年代最早的天珠，如同伏藏一样传递了天珠源头的信息。这种同时被本教和藏传佛教、民间英雄史诗视为圣物，同释迦牟尼、辛饶弥沃、格萨尔王同时扯上关系的存在，属于一个生活在 1800 年前的贵妇人。

除了天珠，如果有人告诉你现在已经成为藏文化象征的煨桑、经幡、玛尼堆、天葬等都出自一个地方，你也不用太过惊讶，因为这个地方正是千山之宗、万水之源的阿里高原。这些人化的存在是被一群以大鹏鸟为图腾的人创造出来的，是大鹏鸟的影子。

※ 穹鸟的子孙

在《从象雄走来》一书中，金书波先生不无调侃地写道：“该怎么寻找象雄呢？这并不是容易的事。”

象雄就是大鹏鸟的子孙创建的政治实体，寻找它真的不容易，这也是用“政治实体”而不是其他政治学名词修饰它的原因。

十八，是一个很温暖的数字，在涉及象雄的历史时，更是一个离不开的数字。十八个部落联盟？十八代王？它是不同存在的客观描述，还是同一存在的不同解读？经过历史的洗礼和教权的装扮，十八已经成为各路神仙按照自己的口味随意装扮的姑娘了。不过，十八无丑女，怎么说也过得去。

不过，只要是没有强大外力的直接作用，任何社会的发展轨迹都大同小异。鉴于在被吐蕃灭掉之前，象雄的政治生活发展没有受到强大外力作用的迹象，按照部落——部落联盟——国家的发展轨迹展开应该是科学的。但首先不得不说一下终极本体——人。

是鸡生蛋，还是蛋生鸡？这是堪称人类社会学的哥德巴赫猜想。在本教的世界观里，这一猜想的答案是蛋生说。

五种元初物质生出了两个牦牛大的卵，一个黑卵，一个光卵。光卵诞生出世界之王斯巴桑波奔和托塞神、达塞神。黑卵诞生出门巴敦那波和黑昧、速惘。神魔两分的力量诞生了。随后，一个蓝卵诞生出一个女人，宇宙之母曲杰坚谟。斯巴桑波奔和曲杰坚谟用鼻子结合生出了野兽、畜类和鸟类，也生下了九兄弟、九姐妹。

不过这属于本教的世界观，虽然本教最终成为了象雄文明的代名词，但它毕竟是象雄文明成熟后的终极产物。根据“穹／雄”在象雄文明中的基础性地位以及神话传说，可以确定的是，在象雄文明的萌芽时期，还有一个流传更广的说法，那就是神鸟传说。

象雄人生活的地方雪峰林立、百川奔，是高原上的高原、屋脊上的屋脊。生活在平均海拔超过4000米高原上的象雄人，对能展翅翱翔的雄鹰产生了无上的崇拜，于是建构了自己是“穹”（大鹏鸟）鸟后裔的传说。“穹鸟部落”，也是象雄的本义，或者说是最为恰当的解释。

在象雄人的信仰体系中，大鹏鸟始终占据着至高无上的本尊地位，甚至演化为一种广为流传的图腾，万字符（卍）——一个双翅扇动，目向左视的雄鹰。天葬，即鸟藏，也是这种鸟图腾的遗存。

不过，几乎同世界其他所有民族一样，这种试图解释自我来源的神话传说是人类文明萌芽的体现形式，却不是文明本身。象雄人，无论被归类于创造或想象出的何种人种分支，他们首先无疑属于古代文献所记载的西羌人、蒙古人种。

至于象雄的地，根据本教文献《世界地理概况》中记载，以冈仁波齐为中心分为上中下或内中外三部分，轻易排除掉“东达川西、西至波斯”这一描述的科学性，基本可以确定象雄位于今天的阿里地区和那曲、日喀则西部。象雄绵延一千多年的历史就曾在这里演绎。

※ 笃本时期

象雄文明的历史轨迹极为模糊，而共生的本教却相对清晰。这里且用本教发展的三段论来认识象雄古国，首先是笃本时期。

本教发展的三段论并无争议，但怎么分却争议很大，每种分法都有自己的拥趸。这里所采用的笃本、恰本、觉本之说，虽然反对者同支持者一样多，但并不影响这种分法被很多人认为是较为科学的。

这里的“笃”，望文生义，可以理解为笃信、厚重、淳朴，这也与它所处时代相符合。笃本就是原始本教，所对应的时代是公元前 1000 年左右的部落时代，这时期，崇拜元素是本教的根基。

岩画是人类早期留下的最为直观的印记，是文明的里程碑。象雄留下的岩画主要集中在公元前 10 世纪至公元前 7 世纪。按照岩画内容所反映的社会形态，可以分为早、中、晚三个时期。早期岩画至公元前 200 年左右，内容主要以狩猎为主，没有权力、征伐方面的痕迹。

同世界其他原始宗教一样，笃本具有强烈的自然崇拜和巫教特征，这是象雄原始部落经济和文化的体现。

这一时期，人有了认识自然的冲动，也有着改造自然的冲动。但限于能力，人们在利用自然的同时往往也为自然所左右，发掘知识的同时也积累了越来越多的困惑。象雄人认识到他们所不能控制的外在世界有好的事物和坏的事物，且都是不可避免的。

对于这种现象，他们只能用唯心的神话观念来解释。因此，无论是好的还是坏的自然事物、现象，都被当时的象雄人赋予了或善或恶的灵魂，成为了他们膜拜的对象，在这背后，是一个惩恶扬善的逻辑。

他们认为，人本身，包括自然、动物和生产生活中的事物都有各自所属的神灵。动物以其被人类所羡慕的力量、速度或飞翔能力理所当然地在神鬼江湖中拥有了一席之地，其他神灵主要有土地神（萨拉）、山神（日拉）、湖神（措拉）、水神（邱拉）、火神（梅拉）、风神（隆拉）、日神（萨钦尼玛）、月亮神（萨钦达瓦）、家神（寝拉）、圈神（秋惹吉拉）、田神（辛拉）、门神（果拉）、灶神（投拉）、食神（塞拉）、男神（颇拉）、女神（莫拉）以及风雨雷电神等，这是一个堪称庞大的神灵体系，甚至人的躯干、关节、心、肝、脾、肺、肾等都有相对应的神灵。

而且这些神灵都是不灭的，到处游荡，无处不在。因此，人们为了在生前获得康宁、死后灵魂得到解脱，就必须要尊祖先、敬鬼神，翻山时要堆起玛尼堆、挂起经幡祭拜山神和风神。

原始本教重鬼尊巫。这里的巫就是本，意思是“重复念诵”。应该说，所有的原始宗教都是巫教，神职人员都是巫师，原始本教也不例外。这里的“重复念诵”可以理解为神汉巫婆跳大神。

本可以占卜预测未来，也可以念咒逢凶化吉，本事很大，可以说能上祀天神、中兴人宅、下镇鬼怪。替人消灾当然要拿人钱财，除了钱财，还要有祭品，有时是牛羊等牲畜，有时是人。

这一套的原始意识形态无疑成为了穹鸟后裔的价值标准，是他们道德观念和思维方式的规范。这种影响的渗透力穿越了时空，即便是在现代，西藏社会生活的方方面面都体现着它的影响，根植于藏民族的精神文化之中，内化为他们的价值取向和社会行为，成为藏民族传统文化的根基。

这一时期的本教，同其所处时代的社会经济发展程度一样，处于较为原始的阶段，包罗万象却不成系统，内容丰富却没有系统的教理教义，自成体系却没有机制架构。现存于世的只有简陋的神坛和道场遗迹以及位于普兰的甲尼玛列石阵。《格萨尔王传》中关于巫师在岩洞中修法的描述就是这时所谓的寺庙的真实写照。

这种现象不仅仅是当时社会经济水平的体现，更是这一时期政治文化的需要。同原始本教无组织体系、无寺院教义的形式相对应的是原始的部落架构。在本的江湖中，分为30多派，它们相互平行、互不统属。这就说明，这一时期的象雄至少存在有30多个较大的部落。

在阶级没有明确划分的时代，就不会有财富的明确划分，更不会有上层建筑的充分发展。原始本教没有赖以发展的政治力量和经济基础，其所能够做的也就只有祈福禳灾、祛病除邪之类的工作了。

无论辛饶弥沃这个人是不是确切地存在，但他的存在年代可以轻易排除掉公元前六千年说和公元前千年说，即便是认同度较高的公元前8世纪都不太可信。公元前8世纪说更为现实的考虑是为辛饶弥沃成为释迦牟尼前世的上师提供时间差。

因为，根据后人对象雄历史遗产的了解，在公元前200年，即进入阶级社会之前，是不存在辛饶弥沃生活工作的历史条件的。同时，根据本教史观关于他吞吐天地的能耐来看，即便存在辛饶弥沃这个人，虚构的成分也较大。最为可能的是，如同其他人类文明一样，将无数推动文明前进的动力都归于一人，将自然神灵的崇拜转移到人的身上，这其实也是人类文明进步的一个体现，是帝王出现的症候。

根据周边历史，最有可能对象雄产生较大影响的因素在西方，这在本教此后的演变过程中得以证实。在政治范畴，公元前6世纪最后的30年，波斯第一帝国扩张到了印度河一带。公元前4世纪30年代，亚历山大大帝的远征军也到过这里。亚历山大留在中亚的遗族建立了帕克特里亚王国（阿富汗），开启了中亚的希腊化过程。

托喀喇昆仑山和喜马拉雅山脉的福，艰辛的道路使得象雄免受军事入侵的威胁。但无论是波斯人还是马其顿人，他们的政治和宗教观的渗透性影响无疑加速了象雄社会的前进步伐。公元前200年左右，象雄开始了规模较大的兼并战争，30多个部落结为了18个部落联盟。

同政治格局演变一样，原始本教同样分为鲁本、赞本、神本、塞本等十多个集团。随着18个联盟的形成或者部落之间战争的开始，原始本教各派之间无疑也存在着相互竞争。竞争总是前进的动力。

随着一统政权的出现，本教新的时代来临了，那就是恰本时期。

※ 恰本时期

普遍认为，象雄（本教）的历史多以口口相传的叙事故事形式传承，书面资料极为匮乏。加之后来藏传佛教史观对本教的偏见和选择性的遗忘、毁灭以及本教屡次经受的巨大打击，可靠的象雄史料几乎不存在。在这种条件下，象雄的历史研究很难推进，几乎是束手无策。这也就是“十八”这个数字飘来飘去的原因。

统一宗教的诞生必然伴随统一权势的诞生，政治的分裂同样伴随着教派的形成。而对于统一的象雄政权是什么时候诞生的这一问题，各种大相径庭的说法充斥着各类出版物。这里采用象雄被松赞干布攻灭时，象雄文明存续十八代的说法，统一的象雄王国当产生于公元2世纪左右，也就是曲踏古墓主人下葬这一时期。这也与阿里岩画在公元2世纪左右开始集中体现战争与祭祀的内容吻合，正所谓，国之大事，在祀与戎。

根据辛饶弥沃的生活轨迹与十八部落联盟有交集的传说，辛饶弥沃或是生活在公元前2世纪至统一战争之前的某段时期，先行完善了原始本教，为统一王国的诞生提供了前提；或是生活在公元2世纪前后，见证并参与了象雄王国的统一进程。

辛饶弥沃或者说他的原型应该是一个宗教造诣非凡且宗教影响力巨大的本。他用自己的影响力帮助象雄文明的开创者统一了十八部落联盟，并获得了至高的地位，也获得了整合并发展本教的平台。

辛饶弥沃是哪里人？有说他是印度释迦族，而且比释迦牟尼早了三代，是释迦牟尼前世的上师；有说他是象雄王国的王子，为了普度众生遁入本门；还有说他同释迦牟尼是同一个化身，一个是“身”的化身，一个是“语”的化身。类似这些传说，明显是在中后期习佛的基础上改造的，作为一种信仰方式可以，但很不可信。

最可信的说法是，辛饶弥沃来自波斯帝国。

226年，波斯第二帝国（波斯萨珊王朝）建立。这时的琐罗亚斯德教已经延续了800年，处于全盛期，在象雄以西地区（中亚地区）获得普遍信仰。随即帝国版图也逼近到了象雄的边陲。

根据希罗多德（公元前480—425年）在《历史》一书中的记载，诞生于伊朗高原的琐罗亚斯德教崇拜天地万物，死后把尸体置于山顶，让狗噬鸟啄。但它却是最早的一神论或主神论宗教，以火（光明）为最高崇拜，这也是该教传入中国后有拜火教之称的原因。

相同的原始信仰背景，共同的善恶二元论（光明之于黑暗，神之于魔），便捷的地缘文化环境以及统一象雄的需要，使得辛饶弥沃来到象雄改造原始本教成为一件很自然的事。

本教随着政权的诞生进入到了一个规范统一的关键时期，期间外来宗教因素担当了催化剂的角色，尤其受其中琐罗亚斯德教的影响。这一观点是最被广泛认同的，它所带来的影响主要体现在两个方面。

一个是对火的崇拜。现在遍布西藏各地的煨桑即是起源于这一时期，它是火崇拜的活化石，是一种火贡。虽然藏传佛教力量对这一信仰方式持否定态度，认为它所崇拜的对象和形式都是非佛教的，但这种否定却被民众的滚滚热情所碾压。到了今天，在绝大多数人眼中，煨桑已然成为藏传佛教信仰方式的一个重要组成部分，甚至是象征了。

一个是对政治工作的爱好。这也算是中亚宗教最鲜明的特色之一了。“上辛绕们尊贵，下国王们威武”，可见，在它的诞生地，本教的政治权力远比雅砻河谷别的信仰力量强大，已经压倒了政权。这也是有人认为本教同时应该受到婆罗门教影响的原因之一。

同原始本教相比，辛饶弥沃在原始本教基础上改造发展而来的雍仲本教有以下两个显著特征。

一是随着阶级的强化而来的神灵的分化。雍仲本教的神鬼被分为天（赞神）、地（年神）、下（鲁神）三界，有了自己的等级位次、君臣之礼，脸谱化、人格化十足，不仅有感情、爱情，还有婚姻、家庭以及浪漫或悲情的故事，由自然神到人格神，自我否定的同时实现了自我的进化。同时，伴随绵延的战争，战神也出现了。

二是本教的哲理化、体系化。哲理化，用《白琉璃》书中一句话概括就是“为化象雄本，变观辛饶身，示十二本行，说九乘法，为生开天门，为之断死门，度生雍仲道”。随着阶层分化的加强，本教的内部结构分层也在这一阶段得以加强，真正从巫教中脱离了出来。同时，以朵玛取代了血祭，更加注重人文关怀，从生到死。

本教的成熟需要过程，各种人化存在的成熟更加需要过程。辛饶弥沃逐渐被认为是一个集文字、五明、工巧、声论、医学、天文于一身的智慧化身。

把崇拜的对象转移到了现世人的身上，这又是一种升华，是本教走向成熟的标志。

这里的“恰”，顾名思义，可以理解为融洽、八方汇流之义。在广泛接纳琐罗斯德教或者还有婆罗门教因素的基础上，本教发展成为雍仲本教，且没有任何的宗教斗争的痕迹。

虽然本教吸纳了许多外来因素，但远古象雄人的基本信仰却没有丢掉。无论是象雄政权首领还是本教大师（辛），他们都在帽子上装饰以鸟的羽毛。大鹏鸟的图腾“卍”，也被冠以“雍仲”的称号。有一种流传甚广的解释，那就是“雍”为无生，“仲”为无灭，“本”为无生无灭，这明显是佛教的因素，是佛本合流后的附会。

虽然本教在“刚刚学会走路时”就到处游走，足迹遍及雪域高原，但其却从未脱离过大鹏鸟的影子。本教是穹鸟子孙的智慧结晶，因此，雍仲本教也被称为象雄本教，是大鹏鸟远去的影子。

根据玄奘的记载，在阿里方向有一个女国。虽然玄奘所存在的时期连象雄政权都不存在了，足足有400年的时空差异，但也为我们透露出一些信息。在象雄政权的君主们征战的对象中，应该就有这个女国。在普兰，有一些当地人称之为“门突儿”的“门人”古墓葬，同时也有些许母系氏族文化的遗存。根据本教法会上有用糌粑做成的女性乳房形状的彩雕贡品，得出这是女性崇拜的遗存的结论，并不唐突。

象雄政权的统一进程应该不是一蹴而就的。女国，加之阿里“白穹”“黑穹”和“花穹”的传说和现实遗存，可以推断，在十八部落联盟和象雄政权之间，应经历了一个“三国鼎立”的时期。

骁勇的王在驰骋厮杀，虔诚的辛在四方云游。

在本教大师的早期活动区域里，就包括雅砻河谷。

有人考证，吐蕃第一代赞普聂赤的奶奶出自象雄。与此同时，象雄文化也随本教滚滚而来。

世界是平的，纵然有千峰万壑。通过军事的、文化的、经济的媒介，人类的交往频幅是客观的。鉴于同质的基因和生活空间，本教在吐蕃定鼎之前就已经对雪域高原完成了渗透，得到广泛的信仰。

通过文化交流和贸易，穹鸟后裔对西部方向的世界也不陌生，象雄所产的麝香被公认为上品。那么，象雄同中原王朝又有怎样的联系呢？

唐贞观五年、十五年（公元 631、641 年），象雄两次遣使来朝。“太宗嘉其远来，以礼答慰焉。”不过，唐史料称象雄为“羊同”，并有大小之分。大羊同“东接吐蕃，西接小羊同，北至于阗。东西千余里，胜兵八九万人”。根据象雄西边有勃律国的可信史料，可以推断，象雄政权至少在灭亡前夕已经分裂成为两个政权。

往前 400 年，汉晋之交，也就是曲踏古墓主人下葬前后，墓地往北 200 多公里远的地方，也有一个权贵豪华地下葬了。往后 1364 年，这位权贵的墓地被一辆重卡车碾了出来，由此揭开了千年古都的面纱。这个墓地位于阿里地区唯一一座本教寺院——故如甲木寺门前的路下。

在这个高等级的墓葬中，相关考古人员发现有一副汉地丝织品，上面绣有“胡王”二字。象雄政权是不是在统一后就已经同中原王朝建立了联系并获得了册封和赏赐就不得而知了。

假如是真的，那么中原王朝就是象雄文明成立和灭亡的见证者了。因为，吐蕃的大军就在象雄使者抵达长安的第二年就发动了持续三年的战争，象雄的使节归国否尚未可知。

故如甲木寺位于现阿里地区的噶尔县门土乡，跨过前面的象泉河，向东一公里，象雄国都穹窿银城就位于一个孤立的山顶上。公元 644 年，站在穹窿银城上向远处望去，吐蕃的铁骑正滚滚而来。

※ 觉本时期

公元 633 年，松赞干布定都逻些，吐蕃政权正式建立。

这时，象雄穆氏也传到了第十八代，末代首领是李迷夏（并不姓李，汉文史籍用名，有没有附庸李唐的含义不明）。

李迷夏有一个妻子，萨玛噶，是松赞干布的妹妹。李迷夏共有三个妻子，最受宠的是虚格妃。享尊处优惯了的赛玛噶受到了冷落，摔盆砸碗，搬出穹窿银城住进了玛旁雍措旁边的帐篷里。

事情闹到松赞干布那里去了。

没有统一的文化信仰，就谈不上统一的政治基础。这时的吐蕃以本教治政，而象雄不仅有胜兵八九万，更是本教的发源地。因此，松赞干布不仅不急于征伐象雄，还采取和亲的政策以示怀柔。

于是，松赞干布派金赞芒穹到玛旁雍措的帐篷里劝诫妹妹要识大体，跟李迷夏好好过。这彻底激怒了赛玛噶，她让使者带给哥哥三份礼物，一串绿松石、一顶女帽和一支歌。

歌词是：上部北方的草原上，有一头凶猛的野公牛；从山谷内传来呼喊声，从谷口处传回应答声，从卫地射出了一支箭，就在此呼彼应之间，射杀了猎物。虎肉悬挂在铁钩上了，两旁有窥伺者盯上了它；如果不能火速前来拿取，过了明天后天，鱼鹰和水獭将会吃掉它……

赛玛噶激将松赞干布，要么像猎人猎杀老虎一样攻取象雄，做一个头饰绿松石的英雄，要么绥靖象雄，做一个头戴女帽的懦夫。

公元 642 年，松赞干布发兵象雄。战争持续了 3 年。

做了俘虏的李迷夏在玛旁雍措湖边的帐篷里残喘了五年，他到了这时候，可谓死易活难。最后李迷夏被杀害，这或许是赛玛噶的报复。

随后，松赞干布开始通过引进印度佛教来压制本教，开启了佛本相争的大幕，绵延千余年。

佛教没有本教的社会基础，本教没有佛教的经律论，因此，在相互争斗中，开始了相互的学习，并相互指控对方抄袭。之所以称这一时期为觉本，看中的就是“觉”本身所具有的佛教气息。

本教的神鬼体系被莲花生降服的降服，镇压的镇压，成了藏传佛教的神（即便本教不认可）。本教也通过借鉴佛教完备的经律论自成一体（即便藏传佛教不停地指控其抄袭）。可以说，本教吸收了佛教内在的东西，佛教吸收了本教附带的东西。

屡经打击的本教，寺院被夺、僧众被赶，流落到了高原的边边角角，等待着通过发掘或伪造伏藏的形式得以复兴。

民族的就是世界的。现在的本教同藏传佛教已经呈现出你中有我、我中有你的格局。佛教同高原文化结合诞生了藏传佛教，本教也被广泛认为是藏传佛教的第五大支派。而本教所附带的许多崇拜仪式和各界神灵，在雪域高原之上，从生产生活到民风民俗，远去的大鹏鸟的影子无处不在。

第二节　传说与文明

※ 藏民族传说

盘古开天，女娲造人，这是中华民族的动人传说。而在雪域高原上的西藏，也有神猴与罗刹女的优美故事，这是西藏藏民族的族源传说。

相传在很久很久以前，观音菩萨为了教化没有法器立根的雪域高原各地，就想要派遣一个能衍化成人类的化身前往。这时，观音菩萨身前出现了一个名叫努曼陀罗的神猴力士，其聪明伶俐，也深得观音菩萨喜爱。

随后，观音菩萨就对他说："你能在雪域高原这片圣地上修定吗？"

神猴回答道："能！"

于是观世音菩萨就派遣神猴前往雪域高原。

神猴来到雪域高原的西藏山南地区雅砻河谷的琼结，就住在了这里。这个地方在现在的泽当镇附近，气候温和，山深林密，适合动植物生长生存。

这只来自外地的神猴，性格比较温和，善于言辞，言行和蔼可亲，有坚定的意志和毅力，勤劳善良，深得大家的喜爱。

在这个地方有一个岩魔——罗刹女。她是本地的土著居民，世代生活在这片土地上。她性格比较古怪，贪欲强烈，从事商贾且贪求营利，仇恨心较重，性情多变且易恼怒。

观音菩萨为神猴授具足戒，吩咐他在这片雪域高原的藏地中修行，神猴遵照观音菩萨的旨意，就在山南地区的扎若波岩洞中专心修道，潜心修行。

一天，岩魔罗刹女来到神猴的修行洞，看见神猴潜心修道又心地善良，有一种一见钟情的感觉，深深地喜欢上了这个外来客。

故而，岩魔罗刹女在神猴面前摆出种种媚态诱惑他，表示自己的倾慕之情。神猴不为她的这一些行为所动，装作不知道，岩魔罗刹女一次次诱惑也都以失败而告终。

然而岩魔罗刹女并没有放弃，后来她装扮成一名盛装妇女再次来到神猴面前，直截了当地向神猴表白。

罗刹女说："我们结为夫妻吧。"

神猴说："我乃观音菩萨受持戒的弟子，如果成为你的丈夫，那我不就破戒了吗？"

岩魔罗刹女可是一个性情刚烈的女子，自尊心也比较强，遭到神猴的拒绝，心里难受至极。

罗刹女说："如果你不做我的丈夫，我就在你面前自尽。"

情到深处痛万分。于是，岩魔罗刹女就卧倒在神猴面前。

观音菩萨看到这样的场景，也是十分感动，且其派遣神猴到此的本意就是想让神猴在修成正果后变成人，教化这片雪域圣地。随后，经观音菩萨点化，神猴与岩魔罗刹女喜结良缘，成为夫妇。

后来，神猴与罗刹女在山上密林中过着幸福美满的生活，罗刹女为神猴生了 6 只小猴子，神猴把他们送到果实丰盛的树林中去生活。

几年后，神猴再去自己放养孩子的地方，看到自己的子孙已经繁衍到了500多只。因为森林资源有限，吃食不够，他们都饿得饥肠辘辘，吱吱悲啼。神猴看到自己的后代既高兴又悲悯，心情甚是复杂。

看见神猴到来，小猴子们涌向神猴，叽叽喳喳地呼道："拿什么给我们吃啊？"

看到这样的场景，神猴心中十分不忍。

于是，他领着他们到一处长满野生谷类的山坡上，指着山坡上的一片片野谷，对群猴说道："你们就去吃这些吧！"

从此，众猴便不在密林里吃野果、野菜之类的东西，而吃不种而收的野谷。

由于群猴饮食习惯上的巨大改变，其身上的毛慢慢变短，尾巴也渐渐消失，之后又学会了说话，遂演化成人类。

这则神猴与罗刹女的优美故事，就是藏民族对自身起源的传说。而在广袤的雪域高原，远古时期的他们为什么能繁衍生存呢?

其实，当时雪域高原的自然环境与现在有很大差异。很久以前的西藏，被分为三大地区，即阿里、卫藏、朵康。其中，上部阿里地区为秃山与雪岭，中部卫藏地区为岩山与草原，这些地方不适于猴类生活，而最适合猴类生活的地区是有着丰富的果树与茂密的森林的朵康地区。

传统所谓的“朵康”地区，主要指今天青藏高原东缘一带的甘青南部、川西高原及西藏东南部地区，在地理单元上主要属横断山脉地区。这里群山叠嶂、河流众多且森林密布，尤其在一些河谷盆地， 植被丰盛，其气候也相对温暖湿润，极适于猴类的生存活动。

考古人员在距今 4000 多年前的昌都卡若新石器时代遗址中，发现有三件猕猴骨骼，即说明当时昌都卡若一带已是猕猴经常出没之地。此外，孢粉分析的结果也证明，卡若地区当时的气候比今日要温暖湿润得多，这是最适合猴类以及后来人类的生存生活之地。

对神猴变成人类的传说，在今天分布于青藏高原东缘横断山脉地区的藏缅语族，如珞巴族、门巴族、傈僳族、彝族、纳西族、哈尼族、拉祜族等民族中，也有同样的传说。

根据珞巴族传说，太初时有两种猴子，一是白毛长尾猴，一是红毛短尾猴。一天红毛短尾猴来到一座大山上，用石头敲打自己身上拔下的红毛，结果发现了火种，此后它们就用火烧烤食物，于是身上的毛渐渐褪掉，尾巴也越来越短，慢慢地演变成为人类。

根据纳西族传说，洪水之后，仙女柴仁吉吉美受雄猴嫫的欺骗，与之媾合，生下了一半像人一半像猴的二男二女，由是繁衍出了永宁纳西族。

哈尼族的传说则称人最初是住在地下的，后变成猴子钻到地上，与其他动物一同生活，后又由猴变人。

传说是后人溯源求本而演绎出来的故事。在西藏藏民族的传说中，不仅有民间演化的“神猴与罗刹女”的动人故事，还有从西方流传过来的“印度迁徙说”和“卵生”说，这些都为藏民族发展提供了丰富的文化资源，也为构建美好的精神家园提供了大量丰富的素材。

※ 史前文明

大约在三亿年前，南半球一块陆地曾发生裂解，经过两千多万年的漫长漂流后，第一块陆地拼接在欧亚大陆上，形成了我国现在柴达木以南昆仑以北地体。之后又有 5 块陆地相继漂来，形成了今天的南昆仑地体、巴颜喀拉地体、羌塘地体、拉萨地体和江孜地体。

正是这6块陆地拼接过程中的碰撞，加之最后漂抵的印度板块的挤压，逐渐隆起了众多高大的山脉，并抬高了新组成的陆地，在板块运动的碰撞挤压下形成了我们今天的青藏高原。

由此，最初原为海底的地区变成为了现在的高原，开启了青藏高原的历史，也步入了西藏的史前文明社会。

西藏的史前文明，从石器发展进程上来看，可分为旧石器时期、中石器时期和新石器时期、金石并用时期以及铁器时期；从社会组织上看，又可以分为氏族社会、部落联盟两大阶段；从地方文明上来看，可以分为象雄文明、苏毗文明和吐蕃文明。

早在距今1200万年至300万年前，西藏就有古猿生活，这是西藏史前的原始族群。

在此阶段，青藏高原正处于山地亚热带，海拔平均在1000～2500 m之间，年均气温也在10～15℃，年降水量约为2000～3000 mm，这样的自然环境很是适合各种动植物繁衍生息。

当时，有生活在西藏临近巴基斯坦和印度北边西瓦利克山地的腊玛古猿及其后代，也有栖息于西藏西南部高原的部分群体。

在青藏高原不断隆起至全新世时期，高原隆起至历史最高，还都生活着大量的史前人类。同期，在临近西藏的云南也有禄丰古猿和腊玛古猿在此繁衍生活。

经过上千万年的历史演化，人类从古猿向直立人、智人逐步进化，青藏高原的原始族群也在向氏族社会逐渐发展。

氏族社会是西藏史前社会文明的重要组成部分，主要包括母系氏族社会和父系氏族社会，其中母系氏族社会存在于距今约5万年至5千年前之间，而父系氏族社会存在于距今约5千年至4千年前之间。

在母系氏族社会时期，尤其是在其晚期，西藏高原气候十分温暖，在今日喀则聂拉木县，亚热带的忍冬属、杜鹃属等植物开始生长，这段时期的气候适宜，有利于青藏高原上的人类生存。

传说，在观音菩萨处受戒的神猴与罗刹女结为夫妻后，他们二人生下的后代子孙，被分为色、穆、董、东四部，各据一方，成为四大氏族，形成“远古四族”，这是母系氏族社会形成的开端。

这个时期，出现了祖先崇拜、图腾崇拜和箭神崇拜，原始信仰有了一定发展，物质生活有了进步。生产工作从简单的石器逐步向打击或琢制转化，人们学会了使用间接打击法制作石器等生产工作，在晚期开始驯养家禽，开始建造房屋，纺织简单的衣物，极大地促进了人类文明进步。

母系氏族社会主要特点是以母亲为家长，成年人之间的性生活较为自由，同居所生孩子归母亲抚养，一切财产归母系所有，而男子则不负什么责任，没有什么义务，更没有什么所有权。

父系氏族社会时期包括“玛桑九兄弟”和整个小邦时代，社会文明发展快速。

从现在的考古发现来看，康区昌都的卡若、拉萨附近的曲贡、藏东南的林芝、墨脱和雅砻江下游的乃东等地的新石器文化遗址，都充分展示了西藏父系氏族社会的状况。

从具有强大法力的“玛桑九兄弟”统治时期开始，西藏步入父系氏族社会，随后西藏进入“小邦时代”，并先后经历了“二十五小邦”“十二小邦”和“四十小邦”，这些小邦互不隶属，氏族部落遍布雪域高原大部分地区。

小邦时代在父系氏族社会时期，持续了较长时间，大约有500年。在这一时期，高原先民主要生产工具为新石器和金石工具。因为气候适宜，藏族先民已经遍布藏东、藏南和拉萨谷地等农区、半农区和藏北草原。

当时，在拉萨曲贡等地，社会生产工具和农业相对发展到了一个比较高的水平，这个阶段的雪域高原文明大体相当于同期的黄河、长江流域文明。

经过几千年氏族社会的演变和西藏各氏族部落之间500多年的征战，在公元前五六世纪，随着铁器的出现，西藏由散落分割的小邦时代正式步入部落联盟，形成了以象雄部落联盟、雅砻吐蕃部落联盟、苏毗部落联盟三大部落联盟统治为主的、新的社会文明发展阶段。

象雄建立于公元前1500年，于公元前7世纪吐蕃政权时期覆灭。象雄部落是西藏产生最早、文明程度最高、统治区域辽阔、势力比较强大的部落联盟，是由原“象雄小邦”为基础，在不断兼并和征服周边其他小邦之后而发展起来的部落联盟。

象雄最初的地域分为三个部分，即内象雄、中象雄和外象雄，内象雄就是今天的阿里、拉达克等地，中象雄就是今天日喀则等地，而外象雄就是今天日喀则以东等地。

随着吐蕃和苏毗部落的兴起，中象雄和外象雄等地逐步被其控制。这样一来，象雄部落的统治区域开始逐渐缩小，以至于后来就只限于今天的阿里和克什米尔了，且势力也大大地被削弱，影响力也大大地降低。

以前，古老的象雄部落联盟曾一度拥有以西藏北部和西部为中心的非常辽阔的区域，并产生了极高的社会文明。它不仅形成了自己独特的文字——象雄文，而且还成为西藏传统土著宗教——本教的发源地，古象雄可以说是自小邦时代之后西藏高原产生的最早的文明中心。

可惜，当年如此辉煌的象雄文明，在经历了九百来年的风风雨雨后，还是经不起自然和历史的检验。在青藏高原的气候随着地形的隆起而变化的过程中，象雄文明逐渐淡出历史的舞台，留给世人的是一堆堆黄土和具有沧桑之感的历史遗址。

随着象雄文明的逐步没落，在中象雄控制的雅砻谷地，逐步崛起了一个新的部落联盟——雅砻吐蕃部落联盟。

早在雅砻吐蕃部落以前，雅砻地区就存在六个小部落。大约公元前350年，在聂赤赞普降世的时候，这六个部族曾共同去迎接，把聂赤赞普推举为王。六个氏族小邦联合为一个整体，形成“吐蕃六牦牛部”，而六氏族部落合并成为聂赤赞普的六族属民。

聂赤赞普成为雅砻部落首领后，进一步扩大领地，将周边所有小邦收为属民，并建雍布拉岗堡，同时还大力引进和提倡本教，在雅砻地区建造了西藏第一座本教寺院——索喀尔雍仲拉孜寺。

此后，经过漫长的发展，雅索喀尔部落逐渐强大，将各小邦臣民收拢于麾下，占领各小邦的土地，掌控各小邦的经济社会，不断征服周边小邦部落。

在这个时期，雅索喀尔部落无论在经济上还是军事上都获得了极大的发展，遂成为以雅砻河谷为中心的一个强大的部落联盟。

大约在公元前四世纪，在雅砻河谷地区以北，在象雄政权衰落而无力顾及之时，一个强大的部落联盟——苏毗部落联盟，开始登上历史舞台。

苏毗部落联盟位于唐古拉山南北一带，是从“十二小邦”中的亚松部落逐步发展而来。作为古代藏民族的重要分支，苏毗曾长期受象雄统治，宗教文化受到象雄的强烈影响。

最早将本教传至苏毗地区的是本教前弘期之一的苏毗人苟呼里巴勒。

继他之后，木邦赛当、阿瓦东、木夏、卫噶等苏毗人皆热心致力于在苏毗传播和发展本教，使苏毗一度成为当时除象雄之外本教的又一大中心。

苏毗最初的地域中心是现在青海玉树及川西北一带，而后逐渐向拉萨河流域发展。至公元六世纪，苏毗王赤邦苏将居于拉萨河下游一带的达甲吾征服。自此，苏毗实现了空前统一，统治区域东接今昌都地区，北连突厥，西南境在玛旁雍措与象雄相接，而南方以雅鲁藏布江为界同雅砻部落并起，已然成为雪域高原又一支强大的部落联盟。

截至到公元前六世纪，雪域高原已形成以象雄部落联盟、雅砻吐蕃部落联盟和苏毗部落联盟为首的三足鼎立之势，这样的局面是在小邦时代以后经过漫长的发展、演变过程而逐步形成的，极大地推动了西藏史前社会文明发展进步。

※ 吐蕃文明前社会

从聂赤赞普到松赞干布，是吐蕃文明前的历史时期，期间经历天赤七王、上丁二王、中勒六王、地岱八王、德字五王、圆满四王等 32 代赞普的统治，为吐蕃文明乃至西藏发展奠定了坚实基础。

从聂赤赞普到囊日松赞时代，吐蕃的社会生产方式前后存在着一个明显的变化过程，这就是从早期以牧业为主的生产方式向后期以农业为主的生产方式的转化。

早在聂赤赞普之前，吐蕃控制地区就从事了放牧活动，形成了牧业经济社会形态。

在聂赤赞普降临之时，传说他的快马化为人身降世，并遇见十二名聪明少年在此处放牧，他们用脖颈将聂赤赞普抬回家中。大家在放牧的地方修建了雍布拉康献给赞普，后来在“吐蕃六牦牛部”的拥护下，聂赤赞普被推举为首领。

历史传说是传说，但从传说故事中也道出了当时的原始经济社会面貌。从故事上来讲，当时的“吐蕃六牦牛部”以及第一代赞普降临时，吐蕃地区就是以放牧牦牛为主的牧业型部落，大家是以牧业为生。

西藏农业起始于布德贡杰时代，布德贡杰是七天王之后上丁二王时止贡赞普的后裔。

在布德贡杰赞普之前，西藏的农业是庄稼与野草不分，因工具极端落后，播种不深，有些种子被野兽、鸟类翻乱和吃掉，又缺乏土、肥、水等应有的条件，农业收获极少。

面对庄稼长势不佳的情况，布德贡杰的大臣走到田间，经过细心观察，

发现浮在地面上的种子发芽率不高，而埋在土里的种子不仅发芽率高而且长势好。

于是，布德贡杰赞普和大臣开始改进农业生产工具，以木钻孔，制造犁扼，以二牛抬杠耕种土地，大力开垦土地，以平原为田，把荒地改为良田，修建水利工程，引水入渠，撒播种子，大力发展农业。

到了中勒六王时代，西藏农业又进入新的时期。

中勒六王时代第一代王阿雪勒和他的大臣贤者拉布古嘎，在水上搭起了桥，修了水渠，引水灌溉农田，开始使用铁制农具，特别是建立了农牧业计算制度，土地面积计算单位为“朵尔”，畜牧业产值计算单位为“堆”。

在这之前，西藏农业生产力低下，谈不上生产技术，抵御自然灾害的能力很低。如遇暴风骤雨，河水猛涨，水冲毁了庄稼，堵塞了道路，人们就无法进行生产，农业遭受极大损失。

贤者拉布古嘎大臣看到此情景，就命令人们在水上搭起了桥，以便人们往来通过。可是河水漫流，平地庄稼被水淹，坡地农田又缺水灌溉，于是贤者又将溪水汇集到池塘，以备农业用水。这样，农业的丰收就有了保障。

在中勒六王这段时期，农业基本上发展到了经验农业时期。这时藏族社会从蒙昧时代进入到野蛮时代，农业生产水平发展到一定阶段，积累了一定的生产经验和耕作技术，生产工具也有了一定的改进，如使用了铁制农具。这段时期，农业在西藏社会占有相当重要的地位。

吐蕃发展到了大臣赤多朗赞时期，经济社会有了很大的飞跃。在这段时期，开始有了斗、秤等度量器具以及斗、盔、合、克等计量单位，出现了按照双方意愿进行市场交易，开始了简单的商业活动，让西藏从牧业经济转到农业经济，再出现商业经济，极大地丰富了吐蕃时期的经济形态。

公元六世纪末，松赞干布的父亲朗日伦赞执政后，一方面开始兼并西藏各部落，另一方面和中原地区建立联系。中原地区的医药、天文历算开始传入西藏，尤其是天文学，将天文学知识与西藏本地农业结合，历算出什么时候该播种，什么时候该施肥，什么时候有旱、涝、霜、雹等自然灾害，什么时候该收获，不仅推动了农业技术发展，还形成了西藏独特的历算理论体系，这对农业的发展起了很大作用。

随着经济形态的发展变化，吐蕃文明前社会形态也在不断发展变化，尤其是到了止贡赞普时代，社会经济有了明显的发展，社会矛盾也日益激化。

传说吐蕃第一代首领聂赤赞普是天神之子，他是沿着天绳来到人间，做大地的主宰。聂赤赞普与其以后 6 代赞普合称“天赤七王”，他们都具有发光的天绳，当自己儿子能够骑马射箭时，他们就用发光的天绳返回天空。

当权位传到第八代首领止贡赞普时，他身边的本教徒拉本（相当于经师）、一些赞普的古辛（相当于公爵）逐渐掌握了相当大的权力，俨然成为凌驾于赞普之上的教主，最后威胁到赞普的权力及统治。这些行为引起止贡赞普的恐惧，他决心要灭掉本教。

于是，止贡赞普下令解散本教的权力集团，将以古辛为核心的本教权力集团彻底摧毁。这一重大政治举措引起了大家的不满，尤其是一些本教徒，就想找合适时机报复止贡赞普，最后止贡赞普就是死于这场激化的政治漩涡中的。

对于止贡赞普之死，有这么一则生动的故事。

止贡赞普是天神之子，他虽然是常人体形，但与常人迥然相异，具有飞升天界之巨大变幻神通，狂躁骄慢，常令属下与之比武试能。

但是他是首领，奴隶们哪敢与他进行比武？与首领比武，输赢都对自己不好，奴隶们皆连连说：“不敢！不敢！”

当时，有一名叫罗阿木达孜的人，他也是说不敢。可是，止贡赞普不高兴，他不允诺，强令罗阿木与他比武。

罗阿木于是请求说：“如果大王不允许臣不与您比武，那么就请大王将您神库中的戈矛、长剑、甲宵、兜鳌这几种神物赐予臣下，臣可以与大王您比试比试。”止贡赞普爽快地答应了，随即将库中所应之物赐予了罗阿木。

罗阿木带着所赐之神器，先来到娘若香波（现在的江孜县一带），随后止贡赞普也来到娘若香波，他们就在园林中布阵对垒。

此时，罗阿木达孜向止贡赞普请求说：“请大王将径直悠长的天绳砍断，再将九级天梯朝下放倒。”止贡赞普也允其所请。

此后，罗阿木以金矛二百支，拴在一百头犍牛背上，牛背皆驮灰囊，牛群相搏，灰囊崩散，烟尘迷漫，罗阿木趁此时机向赞普进击。止贡赞普为护身神岱拉巩甲导引，前往天宫时，罗阿木自腋下取出小斧砍去，岱拉巩甲被投之于第则雪山之中，止贡赞普亦于彼时遇害，尸骸被放在铜筐之中，抛于河水中央，被水流冲走了。

止贡赞普被杀害后，罗阿木篡夺了王位。而止贡赞普的妻子生下一子名如勒吉，几年过后，如勒吉长大成人，武勇有为，他杀死了罗阿木，夺回了权位。

吐蕃文明前社会，经历了经济从牧业型向农业型的转变，还在一定程度上出现了简单的商业贸易，这为吐蕃文明的建立和发展奠定了坚实的物质基础。随着经济形态的逐渐变化，社会矛盾激烈化程度明显加剧，也推动了社会的快速发展，让吐蕃在以后的发展壮大乃至统一西藏过程中的形势更加纷繁复杂。

第三节　格萨尔与格萨尔王传

人类社会在发展进步到一定阶段后，随着对本民族认同感的不断加强，来自本民族的英雄人物的形象就会逐渐涌现，英雄形象的来源多是带领族群战胜敌人或自然的现实生活中的杰出人物。在生产力低下的年代，战胜来自自然和其他族群的威胁是群体生活的重要方面，人们需要能力卓著的“英雄”带领他们降妖除魔，于是，关于本民族的英雄史诗应运而生。其中的英雄形象多数带有神话色彩，是为了拯救人间才降生人世的天神，因为其不凡的天神背景，少年时代就展现出了卓尔不凡的神力。英雄史诗是全世界各民族历史进程中都具备的文明现象，其英雄形象是和其中涉及到的杰出人物以一群领袖集合而成，而其讲述的对手和敌人是敌对部落和想象中的自然神的反映。本节中介绍的《格萨尔》和古希腊的《荷马史诗》一样，是人类历史中赞颂英雄、渴望英雄出现对抗仇敌的伟大文献。

※ 格萨尔

《格萨尔》是人类历史上最长的史诗，内容涵盖了“创世神话”“天界”“人间”“地狱”等方方面面，也充分展现了人们对“恶”的认识和厌恶。

格萨尔的故事内容分为在天界——降生人间——返回天界，呈现了故事内容上的完整性，对格萨尔王故事发生的时间，学界有 11 世纪、12 世纪、13 世纪等不同的解读，但是从《格萨尔》的故事来看，它不可能是由单一的作者在单一的时代完成的，《格萨尔》是个不断丰富、完善、发展的有机体。据统计，《格萨尔》有 120 多卷，有 2000 多万字，不得不说在全人类历史上都是个奇迹，几乎是各民族著名英雄史诗篇幅的总和。

※ 仲侃

《格萨尔》的巨大篇幅和不断完善、扩充的内容与其口头传播的形式有非常密切的关系，《格萨尔》的故事通过一代又一代仲侃，以“神谕”的“自然启蒙”的方式口口相传。相传，《格萨尔》的故事不是“创作”的，而是仲侃受到“神”的启发发现的，因此，《格萨尔》不断完善和丰富的过程就是仲侃不断“发现”的过程。据传，最开始“仲侃”是祭祀中的巫师，普通人是无法与上天对话的，这种对话要通过巫师。巫师在历史中扮演着重要的角色，他是人神的中介，在祭祀典礼中主持祭祀仪式，掌握着部落的祭祀礼仪，通过歌舞、诗歌等“仲”的形式将人的诉求向上天表达，并将上天的旨意带回人间。《格萨尔》的故事其实也是古代祭祀礼仪和祭辞的演化，《格萨尔》也是一种“仲”，这种“仲”，只有作为“仲侃”的巫师能够掌握，而传说“仲侃”是无师自通的，“仲”不是他的创作，而是神的旨意。

时至今日，《格萨尔》说唱艺人，依然自称是无师自通的，优秀的说唱艺人都自称为“神授艺人”。经常有这种故事：某人某天清晨醒来，在没有任何学习的基础下，就学会了《格萨尔》说唱。其实从文化的社会遗传的基础上来说，这种“神授”的说法，自然是艺人们为了神化故事的“自谦”的说法。《格萨尔》的故事随着时间推移和文化进步不断发展，一代代有才华的“仲侃”将自己的创作加入《格萨尔》的故事中，使《格萨尔》中的各种人的形象不断鲜活和丰富，成就了被称为“东方伊利亚特”的《格萨尔》故事。

※ 格萨尔王的故事

格萨尔王降生的故事是这样的：当时，藏地天灾不断，自然条件非常恶劣，各类妖魔横行霸道，当地的百姓生活非常不如意，人们每天向佛祖祈祷，希望能够改变困苦的生活，日子能够好过一点。观世音菩萨听到了人们的祈祷，就向上司阿弥陀佛申请派一位天神的儿子去拯救世人，阿弥陀佛批准了申请，问众神子有没有谁自愿前往，推巴噶瓦主动申请去藏地拯救百姓。于是就有了后面的故事：推巴噶瓦下凡为人，成为了黑色头发的格萨尔王。这段故事里面告诉了我们几个关键点：一是佛祖悲天悯人，派英雄下凡；二是格萨尔王是主动申请下凡的神子；三是当时的人世间情况非常复杂。上述关键点加强了格萨尔王的神圣性和人物性格的正直色彩，同时也为他后面的政绩奠定了基础。

格萨尔“神子降世”的特殊身份让他具有半人半神的色彩，“仲侃”们称他为神、龙、年“三位一体”，其中“年”是藏民族原始神话中的一种图腾。因为半人半神的背景，格萨尔“少年成名”，自出生开始就展现拯救人世的神通。因为很多恶势力知道格萨尔的出生是要消灭他们而拯救人间的，所以对他多加陷害。但是格萨尔强大的天神背景和本身的神力不但没让恶势力的图谋得逞，还消灭了他们。格萨尔 5 岁的时候，他母亲带他移居黄河边，后来岭部落迁移至此，给了格萨尔展现自己的机会。后面的故事是，格萨尔12岁的时候赢得了赛马大赛的冠军，被人们拥戴为王，早早地娶森姜珠姆作为妻子。成为王的格萨尔不但降妖除魔，还带领岭部落战胜了霍尔国、姜国、门隅、大食、卡切松耳石、祝古以及藏地其他的一些小部落。完成了这些工作后，藏地的人们开始了幸福的生活，格萨尔作为人间王的任务也结束了，他带着母亲和王妃返回了天界。

※《格萨尔》故事的时代背景

《格萨尔》故事发生在藏地从原始社会向奴隶社会过渡的时期。传说，当时正是莲花生大师等拯救了人间之后，由于很多妖魔没被彻底清除，又在人间作乱，而当时的很多部落君主都是贪婪的，并不爱护百姓。从时代背景上看，格萨尔王出现的时间处于藏传佛教在西藏发展的后弘期萌芽阶段。从宗教与政治的协同发展角度来看，分化的宗教与动荡的政治是共生的。当时的藏传佛教处于被迫害末期，而藏地的原始宗教未能带给人们幸福的生活，反映在格萨尔王的故事中，就是迫害藏传佛教的邪魔在祸乱人间，人间正在等待“王”的回归。

格萨尔名为觉如，其意思就是从穷小子到大人物的过程。很多学者认为格萨尔王的故事是以松赞干布作为蓝本的。上文中我们说到，《格萨尔》的故事是众多英雄人物的集合，松赞干布应该就是其中的重要人物。格萨尔儿童时期的故事，几乎就是松赞干布童年时期的故事：父亲早逝，被族人中较有势力的大臣欺负，和母亲逃离家乡，成长起来后，带领族人清除恶势力过上好生活。“王子复仇”的故事是历代文学界都关注的故事，而格萨尔的时代和故事背景为人们展现了一个更为丰满的“王子复仇”的故事。

※《格萨尔》的地缘背景

《格萨尔》的故事发生在11世纪居住在黄河河畔的岭部落，因此《格萨尔》也被称为“岭仲”。任何的历史故事或者神话故事都以真实的历史背景为依据，11世纪的藏族地区跟现在的五省藏族地区位置相似，藏族地区有大量地区与其他民族地区相邻，因而也经常产生涉及到领土的纠纷，《格萨尔》中关于征战的故事是有真实的地缘背景的。以《姜岭》为例，里面讲述了姜国国王萨丹梦中受到了恶神的挑拨想强占藏地的盐湖，最后两国经过9年的征战，姜国被打败，萨丹被制服。11世纪，藏族地区与纳西族相邻地区经常因为争夺资源而发生战争，《格萨尔》中的很多岭部落与其他地区的战争，经常是以真实的历史故事为依据。

※《格萨尔》中的“善”与“恶”、“神”与“魔”

《格萨尔》作为藏地的英雄史诗，也是个神话故事，其中充斥着“神”对抗“魔”的神话，涵盖着大量的关于“善”与“恶”的思考。《格萨尔》故事中，“恶”的存在是因为“魔”的挑拨，“魔”的存在让人贪婪，有无尽的欲望，从而作恶。《格萨尔》充满了藏地人们对世界的认识和对人性的思考。人类在发展的进程中面临着来自世界和自身的双重挑战，人们在面对问题、解决问题的过程中，也不断解释着对世界和对人类自身的认识。《格萨尔》并没有关于性善论或者性恶论的论述章节，但是其中关于“善”和“恶”的来源却有深入的表现。格萨尔王的叔叔晁通沉迷于魔道，对王位无限的贪婪，为了争夺王位不断作恶，最后他的肉身被格萨尔王用自己的天神之力烧掉，格萨尔王清除了魔道。这是“神”与“魔”的对抗，最后“善”战胜了“恶”的典型故事。但是《格萨尔》中的“善”战胜“恶”，“神”战胜“魔”

也有局限性，格萨尔王每次赢得了胜利，都会将对方的妻眷和财产据为己有，这是“仲侃”的历史局限性，也是人们在面对胜利时的历史局限性。

※《格萨尔》中的人性与神性

古希腊神话中的宙斯、赫拉、雅典娜、阿波罗等奥林匹斯神都具有如同格萨尔王一样的神力，虽然他们没有和格萨尔王一样降生为人，但是同格萨尔王一样，性格都是完全人性化的。在他们的身上体现着人性与神性的统一。同奥林匹斯众神一样，格萨尔王也有着自己的人性，小时候的顽皮，长大之后对美色的垂涎，面对争议的固执己见，都为他的成长和降妖除魔增添了障碍，但是他总是能够用神性化险为夷。从故事的设置来讲，人性与神性合一是全人类神话故事中让神话人物“接地气”的方法。格萨尔王并不完美，因为这样的不完美才是格萨尔王作为人类解决人间问题的必要渠道。

※《格萨尔》中的英雄形象

除了格萨尔王以外，《格萨尔》中还有很多英雄的形象，他们的形象有些单一，以格萨尔的哥哥嘉察为例，他是个典型的英雄，不畏强敌、能征善战，即使临死也不改英雄本色。如果说嘉察的形象是典型英雄将军的形象，那么总管王绒察查就是足智多谋的英雄形象，他能够不断地拆穿敌人的图谋，总是能够使岭部落化险为夷。

※《格萨尔》中的恶人形象

作为《格萨尔》中的重要“恶人”，晁通贯穿了故事的始终，可以说没有晁通就没有后来的格萨尔王。我们耳熟能详的《封神榜》中，苏妲己受女娲的命令蛊惑纣王，成唐覆灭，周王室兴起。在《格萨尔》中，晁通就是这样的角色，格萨尔借晁通之手举办赛马会，一战成名。晁通挑起了战争，使得藏族地区战火不断，为格萨尔王提供了建功立业的机会。如同英雄的形象非常鲜活一样，《格萨尔》中的恶人形象也被刻画得淋漓尽致，晁通坏事做尽、贪婪，与《格萨尔》中其他被欲念控制的国王一样，《格萨尔》中的恶人，恶贯满盈，贪财、贪权势、贪女色，也为格萨尔王成就霸业提供了条件，同时也更丰满了格萨尔王的神力和正义形象。

※《格萨尔》中的妖魔形象

《格萨尔》中的妖魔形象也非常生动，残忍、狠毒、残害众生。为了给白帐王抢夺森姜珠姆，霍尔三王不惜将城池烧光，将男丁杀光。祝古工宇杰托桂，也是非常显著的魔王形象，与佛教为敌，立誓要做毁灭佛教的刽子手。

从中也可见，妖魔不仅形象鲜明，而且最为显著的是他们都与佛教为敌，是异教徒。

※《格萨尔》中的女性形象

《格萨尔》中的女性形象以王妃森姜珠姆最为鲜活。在人物设置上，格萨尔王的妻子一定是善良、正直、美丽、忠诚的化身，对格萨尔王充满爱恋。森姜珠姆是整个故事的主角之一，其正面形象为整个故事的女性奠定了正面的基调。但是同格萨尔王一样，森姜珠姆亦具有人性，面对格萨尔王对美色的迷恋和每次征战赢得的对手妻眷，森姜珠姆充满了嫉妒和痛苦。《格萨尔》中以森姜珠姆为代表的女性形象有其时代性，古代男女的不平等，在故事中有充分体现。同时，《格萨尔》中对女性形象的设置也有着藏民族女性能够作为战士上阵杀敌骁勇善战的巾帼形象，王妃森姜珠姆不但有着卓著的军事才干，还有着与格萨尔王相配的神力。《格萨尔》王中女性形象的设置，为人们直观呈现了带着藏民族时代性的审美观和对女性的认识。

※ 阿来的《格萨尔王传》

藏族作家阿来于 1959 年出生于四川省马尔康县，作为藏族学者，他真切地了解《格萨尔》的精髓和其在藏民族同胞心中的神圣地位。2009 年，阿来撰写的《格萨尔王传》出版，以“重述历史”的形象，将《格萨尔》的故事以更为形象具体的方式再次呈现。阿来精心设计了两条并进的叙事线索。一条以千百年来在藏族人民中口口相传的史诗《格萨尔王传》为底本，侧重讲述格萨尔王一生降妖除魔、开疆拓土的丰功伟业。阿来精选了最主要的人物和事件，在细节上精雕细琢，着力以现代人的视角诠释英雄的性格和命运，赋予神话以新的内涵和价值。另一条线索则围绕一个当代的藏族格萨尔说唱艺人晋美的成长经历展开。阿来将他所接触到的众多格萨尔说唱艺人的经历、性格和情感，浓缩到了小说中“晋美”这个角色身上。牧羊人晋美偶然得到“神授”的说唱本领，从此四处流浪游历，以讲述格萨尔王的故事为生，逐渐成长为一个知名的“仲侃”。他在梦中与格萨尔王相会，与格萨尔王莫逆于心，当格萨尔王对无休止的征战感到厌倦时，晋美也醒悟到“故事应该结束了”。在说唱故事终章的一刻，他也结束了自己的“仲侃”身份。小说带有强烈的寓言色彩，宏大的叙事和细致的心理被刻画得水乳交融，既富有鲜明的民族性格，也体现了时代精神和普世价值，有评论家誉之为“难得一见的传世之作”。

第二章　吐蕃政治：高原版图的分分合合

第一节　博弈·松赞干布与诸小王

“呵！问君为何名，名为赤松赞（松赞干布），问臣为谁何，名东赞宇松（禄东赞）。从此至，吾等君与臣，雅摩（雅砻河）昔短小，今从唐到藏，雅摩昔窄狭，今从南至北，吾等君与臣，君不舍臣民，臣民不舍君。”

“在上之君明，赤松赞。在下之臣贤，东赞宇松。凡国家增盛之因缘皆备。外在之国势，向四方发展，内在之福乐，美满而不衰。百姓黎民，高低平等。皆弃矫作，安闻乐往，过渡春秋。称赞贤良，恭敬勇士。法善致美，人咸康乐。”

以上两段唱词是松赞干布和大臣禄东赞在吐蕃攻灭象雄时的欢庆宴会上所唱，前段为松赞干布所歌，后段为禄东赞所和。两段唱词充分展现了松赞干布及其臣民完成吐蕃统一大业后的稳定政局和吐蕃强大后向四周扩张的雄心壮志。

然而在统一之前，西藏各地却是另一番景象，与“称赞贤良，恭敬勇士。法善致美，人咸康乐”一点儿边也沾不上。

公元 6 世纪中叶前，西藏各地小邦林立，各邦小王各据一城寨，各设家臣治理所部，各部之间纷争不断，比之中原大地五胡十六国时期有过之而无不及。根据《< 新唐书·吐蕃传 > 笺证》记载，当时的重要小邦有不下十七个，他们之间的纷争无非是抢抢人口和牲畜，守着自己的一亩三分地过日子，从后续的发展来看，大部分小邦是没有统一雪域高原的宏图大志的。而崛起于雅鲁藏布江南岸的悉补野部落经历近三十代赞普（《新唐书·吐蕃传》云：“其俗谓雄强曰赞，丈夫曰普，故号君长曰赞普。”）的励精图治，羽翼渐丰，领土扩张活动开始加速进行。到第三十代赞普达布年塞时，西藏腹地已成三足鼎立的格局：雅鲁藏布江南岸为悉补野，雅鲁藏布江北岸拉萨河谷地区东有年噶城的森波杰达甲吾，西有悉补尔瓦宇那的森波杰奔邦孙。西藏外围则有西部的象雄，北部的牦牛苏毗，东部的工布娘布。

本来悉补野部落在这几个部落中实力并不算最强，但雅鲁藏布江北岸的两个部落实在是不成器，据《敦煌本吐鲁番文书》（王尧、陈践译注）记载，东边的达甲吾是无道暴君，对任何事情都偏听偏信，颠倒为之。达甲吾“以罪恶为善，以善为罪恶；对明睿忠忱、善持政事、沉着端方之士，不听不纳；对奸狡之辈、谄媚甘夸浮艳之词，则分外听从”。更甚者，达吾甲背离风俗，改变国政，恣意妄为，有劝谏者则获惨烈的刑罚，家臣年氏进言道：“大王所为，均属嗜恶反常。吾国之政事日非，风习日乱，不成体统，境内民庶贫困，国运声誉日益低下，几濒于隳灭，悔无及矣！”一番肺腑之言却被达甲吾斥为“此等言辞实属荒谬”，并将年氏逐出大臣行列。年氏心怀怨恨，一怒之下杀掉达甲吾，将旧主的土地和人民献给西边的奔邦孙，而奔邦孙也并非明主，在处理家臣之间的矛盾时有所偏袒，导致家臣娘氏、韦氏心怀异志，与农氏和蔡邦氏密谋投奔悉补野。

悉补野尚未发兵，赞普达布年塞就去世了。继任赞普囊日论赞用奔邦孙家臣为耳目和向导，亲率精兵万人，一举攻破森波杰奔邦孙，完成了对雅鲁藏布江北岸小邦的征服，占领了拉萨河谷地区。此后，日喀则地区的琼保·邦色苏孜割下主人的头颅来献供，大将米钦率军征服了东部的达布地区。关于米钦征服达布地区，《赞普传记》记载了这样一个故事：当时，囊日论赞与诸大臣商议降服达布王，问有谁可以充任将军，米钦自告奋勇说："不才堪充此任。" 琼保·邦色苏孜说："你以前曾经做过将军吗？如果是聪明能干之士，就像锥子放到皮囊中，早晚会露出锋芒的。你担任赞普的侍卫这么多年，我从没听说过有人称赞你能够胜任这个职位，你实在是不能担当这样重的任务。"米钦回答说："众人从没有赞美过我，这是事实，而以前我也从来没有像锥子一样处于皮囊之中，这也是事实。如果以前我处于皮囊之中，别说锋刃，就是连锥柄都露出来了，所以今天我自告奋勇来担任将军一职。"后来，米钦如愿担任将军，平定达布地区，得到奖赏无数，受到众人称赞。这个故事是不是很耳熟？对，就是《史记》中"毛遂自荐"的藏文版，不管"米钦自荐"的故事是否真实存在，这段记载都表明了汉藏之间源远流长的文化交流传统。精通汉文典籍的吐蕃学者，能够熟练地运用中原先进文化，参考中原的历史典籍来丰富自己。

这样，从东部的林芝地区到西部的日喀则地区，从南部的山南到北部的苏毗，再加上拉萨河谷腹地，都被纳入了悉补野的版图。这一过程经历了达布年塞和囊日论赞两代赞普几十年的时间。这些作为吐蕃文明初创时的基业，作为父祖留给儿孙的遗产，为松赞干布所继承。

而松赞干布，雪域高原的众王之王，则出生在悉补野的新领地墨竹工卡的强巴米久林宫殿。一般情况下，像松赞干布如此伟大的人物诞生之时，史书会记载一些异象，比如母亲梦月入怀，出生时满屋红光，满屋异香之类，一如刘邦、孙权、赵匡胤、朱元璋等诞生之景，但是藏文历史中没有这样的记述。《西藏通史》记载松赞干布出生时“肌肤洁白，相貌端庄，身躯比一般小孩大，且胜过他人，父母、君臣见到后都非常高兴。其生日宴庆极其隆重。王子发育成长，到了青年之时，已经是一位学识渊博、智慧超群、英勇智谋之人。”《旧唐书·吐蕃传》说松赞干布“弱冠嗣位，性骁武多英略，其邻国羊同及诸羌并宾伏之”。《新唐书·吐蕃传》称松赞干布“其为人慷慨才雄，常驱野马犀牛，驰刺之以为乐。西域诸国共臣之”。《白史》说他“才智勇武”“通达工艺、历算、武技”。佛教僧众称他为“出世天神”“真正的人主”和“圣观自在菩萨幻现人形之化身大士”（《白史》)、“至尊观自在菩萨所化现的人王”（《西藏王臣记》)、“众藏王中示范王”（《甘丹秘籍》)。

除却佛教史书中神话的记载，汉藏史书中的松赞干布是一位文武全才、具有雄才大略的君主。松赞干布继承王位时年纪尚小，只有十三岁，面对父祖留下的基业，年幼的新君承担着同龄人不能承担的重任。由于松赞干布父亲重用新征服地区的大臣，娘氏、韦氏、蔡邦氏等新贵获得了大量领地和民众，引起了旧部大臣的不满，他们心怀怨怼，密谋造反，由门地（今门隅地区）小王进毒弑杀囊日论赞。囊日论赞死后，象雄、苏毗、工布娘布等部落公然反叛。在政权崩溃、内忧外患的局面下，松赞干布表现出了少年老成的一面。他不动声色，步步为营，内外并举，在父辈重臣娘氏尚囊芒布杰以及噶尔·芒相松囊等人的辅助下，首先将门地小王一族尽行诛灭，接着对威胁其地位的叛臣采取软硬兼施、镇抚并用的措施，对象雄则采取了怀柔的和亲政策，将自己的妹妹赛玛噶嫁给了象雄王李迷夏。短短一两年时间，松赞干布挽狂澜于既倒，救大厦之将倾，吐蕃文明在年幼的君主手中重新安定下来，并焕发出新的生机。

政权稳定下来之后重臣之间相互开始争权夺利。有人的地方就有江湖，朝堂之上也不例外，无论是大唐还是吐蕃。老臣娘氏尚囊芒布杰在平定内忧外患的过程中起到了至关重要的作用，他是否居功自傲史书无载，我们也无从得知，但年轻的赞普对其有所猜忌却是有可能的，功高震主从来不是一个好词，中国历史上也只有一个郭子仪得了善终。对君主而言，“狡兔死，走狗烹；飞鸟尽，良弓藏；敌国灭，谋臣亡”，是一个普世应用的价值观。而对于一些嫉妒老臣功劳和地位的大臣，赞普的猜忌给了他们可乘之机。

松赞干布继位后，在一次宴会中，琼保·邦色苏孜歌咏自己将日喀则地区献给赞普之功劳，娘氏尚囊芒布杰致辞答谢，松赞干布大喜，遂升娘氏尚囊芒布杰为大相（宰相），并赐以银牌作为身份标识。琼保·邦色苏孜十分不满，他也有充分的理由不满，自己将日喀则之地献于赞普，在赞普面前唱唱歌、邀邀功，自己没得到奖赏，最后反而封尚囊做大相，这事儿搁谁身上也不好受。于是苏孜开始活动，他常在赞普耳旁吹风，历数尚囊如何心怀不轨，自己又如何忠诚；转过头去又对尚囊说：“你功高震主，赞普怀疑你要篡位，想要对你降罪，看在同朝为官的份上我来给你通风报信。”不知道尚囊真是岁数大了还是赞普流露出了对尚囊不满的情绪，反正尚囊相信了苏孜的鬼话，并把苏孜当成自己真正的朋友。自此以后，尚囊居住在自己的布瓦堡寨，称病不出，赞普有命令也不听从，也不到赞普面前述职。这样一来，赞普也相信了苏孜的话，以为尚囊果然有谋反之心，于是发兵征讨尚囊，威逼布瓦堡寨。尚囊的一个奴仆心生怨恨，将尚囊杀死。大军一至，布瓦堡寨也被夷为平地。历朝历代君臣失和的原因大部分都是有小人作祟，对于年轻的君王来说，明辨忠奸是一件多么重要但又多么困难的事情，不然历史上也不会发生那么多自毁长城的悲剧了。

尚囊死后，苏孜取而代之，如愿登上大相之位。相传，苏孜其人聪明绝顶，能同时听三笔账，断四桩诉讼案件，与四五个人下棋，史载“如邦色苏孜之敏明，计谋深远，识人聪俊，于众人之中能如彼者，不可复得也”。然而如此聪明的一个人，最终却栽在了自己的聪明上。在与后来的大相倭美岱类赞失和后，这位一人之下万人之上的聪明人估计是犯糊涂了，他躲到自己的赤邦木城堡内，大搞阴谋活动，搞到最后竟然想谋害赞普。耄耋之年的苏孜对赞普说：“以前先王在位时，小臣亲自将日喀则地区地区献于先王治下。而先王并未亲自巡视，也未亲临其地。现在大王登基，请大王亲自巡视，亲临其地。小臣将于寒舍之中，备下酒宴以待大王，不知大王可否赏光？”松赞干布没有怀疑苏孜的诚意，答应了他的请求。赴宴之前，松赞干布派禄东赞前往赤邦木城堡内安置牙帐行宫。禄东赞到城堡后，发现了苏孜设置暗害赞普的阴险谋划。至于禄东赞发现了什么，我们不得而知，可能是暗藏的刀斧手，可能是做了手脚的饭菜，也可能是有人告了密。这位后来的大相，吐蕃历史上赫赫有名的大人物，急忙偷偷跑了回去，向松赞干布如实禀报，赞普勃然大怒，正欲发兵进剿，忽然帐外有人求见。原来苏孜发现禄东赞急急忙忙跑回去之后，以他超人的智慧，便知事情已经败露，眼看着已无挽回的余地，赞普的大军随时都可能荡平自己的城堡，苏孜只有拔剑自刎。苏孜在临死前，嘱咐儿子昂日琼在自己死后割下自己的首级，带给赞普，并这样跟赞普说："我的老父亲已是日薄西山，竟然糊涂到心生贰逆之念，设置阴谋谋害大王。我本打算向禄东赞揭发此事，没想到禄东赞已经将此事看穿，返回大王的牙帐。不得已之下，我大义灭亲，杀死老父，割下他的首级前来向大王请罪。大王是否可以饶过我全家的性命？"松赞干布看着苏孜血淋淋的头颅和昂日琼声泪俱下的诉说，想到了苏孜立下的功勋，想到了苏孜的绝顶聪明，想到了他的大度与宽容，答应了昂日琼的请求，未予深究。不知道此时松赞干布是什么心情，估计不会太美丽，旧臣尚囊芒布杰和聪明绝顶的琼保·邦色苏孜都去了，为什么年轻的赞普与这些功勋老臣就不能和谐相处呢？

不过，随着父辈老臣一个个地离去，松赞干布也渐渐掌握了至高无上的权力，再无人掣肘。年轻的赞普开始勾画自己心中的宏伟蓝图了，雪域高原的"万王之王"终于可以放开手脚大干一场了。他可以开创一个属于自己的英雄时代，随之而来的则是吐蕃政权持续两百多年的文治武功和辉煌。

第二节　武与宫·历代赞普的文治武功

"车辚辚，马萧萧，行人弓箭各在腰。耶娘妻子走向送，尘埃不见咸阳桥……君不见，青海头，古来白骨无人收。新鬼烦冤旧鬼哭，天阴雨湿声啾啾。”杜甫的这首《兵车行》，一方面形象地反映了唐玄宗时期唐朝的穷兵黩武，另一方面则反映了当时唐朝周边少数民族势力的增强，尤其是几乎与唐朝共存亡的吐蕃。

松赞干布在巩固自己的地位后，不满于雅砻部落偏居一隅，于是将都城迁到拉萨河畔，建立了逻些（拉萨）城。待内政安定，松赞干布将目光投向了四周，北部的苏毗此时已经归顺，西北的象雄即成为吐蕃的劲敌。象雄，汉文史籍称之为“大小羊同”，其中大羊同包括现今阿里地区以及拉达克、吉尔吉斯斯坦等地，小羊同在大羊同南部，接近喜马拉雅山地区。“大羊同国，东接吐蕃，西接小羊同，北直于阗，东西千余里，胜兵八九万”（《册府元龟》），从记载来看，象雄确实是青藏高原上一个强大的政权，而且在吐蕃崛起之前就已相当强盛。

对于这样一个强敌，吐蕃暂时无力吞并，松赞干布没有掉以轻心，他采取了恩威并施的策略，将妹妹赛玛噶公主下嫁象雄首领李迷夏，又在边境布置大军，只待时机成熟将其一举歼灭。李迷夏本与自己的虚格妃十分恩爱，此时吐蕃又送来一位妃子，李迷夏的心情可想而知，甚至他都有可能怀疑赛玛噶是吐蕃的探子，自己的土地随时都有可能被并入吐蕃，但慑于吐蕃的兵威，李迷夏不得不接受赛玛噶。婚后李迷夏对赛玛噶漠不关心，只钟爱自己的虚格妃。空有妃之名而无妃之实的赛玛噶怨气越来越重，几年后，赌气搬到圣湖玛旁雍措岸边。此时的赛玛噶，看着近在咫尺的神山圣湖，其心情想必是十分悲凉，夫君的不理不睬，兄长的不管不顾，偌大的雪域高原，竟无一物是属于自己的。她在湖畔看着日出日落，心中满是失落和茫然，难道自己要在这圣湖畔了却余生吗?

终于有一天，远方飞扬的尘土带来了希望，一队人马朝着湖岸飞奔而来，走至近前，赛玛噶泪如雨下，兄长的使者终于来看望自己了。《敦煌本吐蕃文书》（王尧、陈践译注）记载了使者与赛玛噶的这次对话。使者金赞忙穹向赛玛噶行礼完毕，赛玛噶问：“兄长赞普政躬安泰否？”答曰：“安泰。”又问：“忙穹亦心情舒畅否？”答曰：“舒畅。”忙穹又转述了赞普的种种敕谕，大概是一些问候之类的吧。赛玛噶以长歌一曲来回答兄长的问候：

“……上边北方牧场啊，有一只野牦牛，若要杀死北方牧场野牦牛，里面山谷有呼喊声。派董、东两族攻克获益，下方招手应对者，乃是畿曲河（拉萨河）的夏氏与布氏。从中部射出一只箭来，那是上游的洛氏与埃氏。里面山谷里有呼喊声，下面山谷里有应答声，就在这呼、应之间，杀死了野牦牛。……在铁钩子尖端，挂上老虎之肉，不要向右边歪斜，不要向左边倒侧，……若不火速来取拿，过了明天又后天，水獭就会吃掉它。……把鱼挂上铁钩子，能挂上就把它挂上吧。……设伏畿曲深谷中，请君火速发兵来。”

赛玛噶的意思已经十分明确了，现在的象雄，就像是野牦牛、老虎肉和鱼，火速发兵定能将其征服。歌毕，忙穹向赛玛噶请求给兄长赞普的回音书信，赛玛噶只给忙穹一顶盖了印章的帽子。忙穹返回赞普驾前，将长歌再唱一遍，帽子献给赞普，赞普拆开帽子，见只有大粒旧松耳石三十颗，别无他物。赞普恍然大悟：长歌的内容加上礼物，是叫我出兵象雄啊。我若发兵攻打李迷夏，则佩戴这象征权力和地位的松耳石；若是不发兵，则佩戴这象征怯懦的女帽。本来松赞干布对象雄的实力颇为忌惮，听到赛玛噶的长歌之后，发现象雄也不过尔尔。于是下令君臣急速发兵，进攻象雄。“发兵攻象雄之王，统其国政，象雄王李迷夏失国，象雄一切部众咸归于辖下，收为编氓。”史书仅用了这一句话来描述松赞干布发兵攻灭象雄，至于用了多少兵马，用了多长时间，象雄的抵抗顽强不顽强，甚至于赛玛噶在战争过程中起了什么作用，最终结局如何，全无记载。看来史家只关心战争的结局，对其过程则不太关心。

一个存在了数千年的古文明，仅用了几年的时间就被新兴的吐蕃吞并，西藏以西，再无象雄。象雄的土地虽然并入了吐蕃，但象雄的文化却深深影响了吐蕃。源自象雄的本教文化在吐蕃广为流传，甚至于与新传入的佛教发生激烈冲突，并最终导致了吐蕃政权的崩溃。当松赞干布策马扬鞭驰骋于古象雄的土地上时，他一定不会想到，二百多年后，自己的子孙会在吐蕃政权崩溃后远徙象雄，将祖先征服的这片土地作为自己的立权之基，保护与传承着吐蕃与象雄的文化。

吞并象雄之后，吐蕃得以大扩展，西、南两面已无强敌，松赞干布又将目光投向了北方。此时占据青藏高原北部的是一个强大的部族——吐谷浑（藏文名阿柴）。吐谷浑立国比唐和吐蕃都要早，而且“地数千里”，疆域包括今青海大部、甘肃、新疆部分地区。公元 634 年，吐谷浑可汗的儿子慕容顺投降唐朝，后慕容顺被自己的部下所杀，唐太宗册立其子诺曷钵为可汗，封河源郡王，并将弘化公主嫁与诺曷钵，吐谷浑归附唐朝。松赞干布向北扩张，必然要遭遇吐谷浑这个劲敌。公元 638 年，松赞干布借口吐谷浑王阻挠自己向唐朝请婚，率领吐蕃与象雄联军北攻吐谷浑，吐谷浑抵挡不住，逃到青海湖以北，所部百姓和牲畜多被吐蕃掠去。松赞干布在吐谷浑耀武扬威一番，下令退兵。吐谷浑经此重创，势力一蹶不振，二十多年后终被吐蕃所灭。

松赞干布连年征战，不断扩张，吐蕃的势力范围终于扩展到了与大唐王朝接壤的地步。而此时的松赞干布，似乎暂时停止了自己的扩张脚步，他意识到自己东北方向的这个大国无论在经济文化还是在军事等各方面都要强于自己。确实，此时的大唐正处于唐太宗统治时期，国势蒸蒸日上，影响力远及四海，太宗也被各少数民族尊称为“天可汗”，松赞干布很显然不会与这样一个强国为敌。

当时的唐王朝对周边少数民族采取怀柔政策，很多少数民族首领都娶了唐朝的公主，松赞干布当然也想以这样的方式来与唐朝交好。松赞干布得知唐朝将公主嫁与突厥、吐谷浑等首领，也派使者带着金银珠宝到大唐请婚，唐太宗却没有答应，可能是出于对吐蕃的不了解，自然也不会重视。也难怪，当时大唐与吐蕃相隔数千里，太宗可能以为吐蕃只是一个边陲小邦，不是什么人都能娶到大唐公主的。而使者回报松赞干布时却撒了个谎，他说差一点儿就能得到公主，只因为吐谷浑王从中作梗，才没有得到公主。松赞干布大怒，心想我堂堂吐蕃赞普，难道还不如突厥和吐谷浑的小邦头目吗？于是，便出现了吐蕃象雄联军进攻吐谷浑的场景。

打败吐谷浑后，松赞干布又攻破党项、白兰诸羌（在今青海甘肃一带），率大军二十万兵临松州（今四川松潘一带）城下，然后再派使者带着金宝向太宗请婚。松赞干布有些天真地认为这次大兵压境，软硬兼施定能娶到公主，而且自信满满地放出话来：“公主不至，我且深入。”然而这一次，松赞干布又失望了，太宗依然不为所动。太宗认为区区边鄙小国，也来挑战我大唐的权威，有些自不量力了吧。松州都督韩威估计也是这么想的，他仅带着几千人马就去挑战赞普的二十万大军，结局可想而知，韩威大败，原本归附于唐的一些羌人部落都叛唐而附吐蕃。这时唐太宗坐不住了，万万没想到，一向名不见经传的吐蕃居然有如此强大的实力。兵来将挡，水来土掩，当时的唐朝可是猛将如云，太宗挑选了两个猛人——侯君集、执失思力，率军五万进击吐蕃。唐军前锋牛进达一路疾驰，在松州城外夜袭吐蕃大营，斩首千余级。松赞干布终于认识到了大唐的强大，然而年轻气盛的赞普依然不打算撤军，直到吐蕃大臣力谏不听，自杀者八人，松赞干布才意识到事态的严重，不得不退兵。然而公主没有娶到，又岂能善罢甘休？不知是松赞干布自己意识到了错误还是有大臣提点，他一改往日的鹰派作风，摆出一副谦卑恭敬的态度，派禄东赞携带大量金银珠宝，以谢罪的名义再次向唐王朝请婚。事不过三，唐太宗也看到了松赞干布的诚意与执着，更多的是看到了吐蕃实力的强劲，如果再不答应，边境可能真的会永无安宁之日。于是太宗展现了天可汗的风度，将宗室女文成公主嫁给松赞干布。

接下来的故事，无论是在藏地还是在中原，都是大家耳熟能详的了。请婚过程中，太宗七试婚使，禄东赞一路过关斩将，终请得公主下嫁。著名画家阎立本绘有《步辇图》传世。送亲过程中，唐宗室江夏王李道宗持节率队相送；迎亲过程中，松赞干布亲临柏海（扎陵湖，今青海玛多县境内）相迎，以子婿礼迎接李道宗。文成公主进藏路上留下了一路俯拾皆是的美丽传说，在汉藏两地，文成公主都可称之为一座丰碑，象征着千百年来汉藏族人民之间的友好交往和深情厚谊。

松赞干布娶了文成公主后，心情十分高兴，对文成公主几乎是言听计从。松赞干布认为自己的祖先没有娶到汉地的公主，在这方面自己作为第一人，一定要做出一些不一样的事情来。赞普以前是住在牙帐或是堡寨之中，为了迎接公主，松赞干布特意修建了气势恢宏的布达拉宫。公主不喜欢吐蕃人赭面（用红色颜料涂抹面部），赞普就下令全国不许赭面。赞普自己也脱去笨重的毡裘，而穿上汉地华丽轻便的丝绸，一时间，吐蕃贵族竞以穿着华丽丝绸为荣耀。

跟随文成公主进藏的,有释迦牟尼十二岁等身佛像,有建筑、雕刻、冶炼、酿造等各行各业的工匠，还有大批医学、历算、文艺等百科书籍，大批的绫罗绸缎，大量的农作物种子，等等。此时的松赞干布见识到了大唐辉煌灿烂的文化和丰富多彩的物产，深感吐蕃远不及大唐。他多次派吐蕃贵族子弟到长安，学习《诗》《书》等，还请儒生来讲解儒家典籍。松赞干布热衷学习中原文化，上行下效，极大提高了吐蕃上层社会的文化水平。

可惜的是，松赞干布与文成公主仅仅共处了三年。公元 641 年，文成公主来到西藏，649 年，松赞干布离世。期间道路、人事消息阻隔竟达六年之久，而文成公主薨于公元 680 年，很难想象这三十年文成公主是如何度过的。她离开繁花似锦的长安城，千里迢迢来到满目荒芜的高原，随身携带的嫁妆也仅仅成了对故国的一点儿念想，内心的悲凉可想而知。无论如何，松赞干布和文成公主的这段姻缘，保证了大唐与吐蕃之间几十年的和平。吐蕃此时对大唐还是十分敬重的。太宗伐辽东回朝后，松赞干布派禄东赞致书相贺，并献上高达七尺的金鹅。公元 648 年，大唐右卫率府长史王玄策出使西域，被中天竺扣留。王玄策设法逃脱，向松赞干布借了一千二百精兵，与尼泊尔（此时尼泊尔已归附吐蕃）七千骑兵一起，横扫了中天竺。王玄策的故事太过传奇，其间难免有演绎和夸张的成分，唐太宗也未必十分支持这次战争，他更关心的可能是出使西域的收效。但经此一战，吐蕃成为最大的获益者，史载中天竺国王的反对者将大批马匹财物送往吐蕃，吐蕃也借此机会将边境扩展到了北印度。

这一时期是大唐与吐蕃关系的蜜月期，《新唐书·吐蕃传》记载，唐高宗封松赞干布为驸马都尉、西海郡王，松赞干布也对长孙无忌说：“天子初即位，下有不忠者，愿勒兵赴国共讨之。”并向昭陵（太宗陵寝）进献了金玮十五种。

除武功外，松赞干布的另一大贡献即是创制藏文，订立吐蕃各项律令规范。文字对一个民族十分重要，是其共同意识的载体，是其文化安身立命之本，有文字凝聚，民族才能产生生生不息的活力。松赞干布在扩张领土的同时，也认识到了文字对于一个民族的重要性。他派吞弥·桑布扎南下印度，学习并参考梵文和其他文字以创制藏文。吞弥·桑布扎没有让松赞干布失望，成功地创制了藏文。松赞干布下令群臣日夜学习，并参照大唐的律令格式、先辈的遗训、自己的经验，来制定吐蕃的法律制度和行为规范。经过后世的不断补充和修订，吐蕃的律法越来越完善，制度越来越规范，藏文字本身也越来越优美实用。武力征伐确实能带来眼前的利益，而文字制度却可以穿越历史，光耀千古。如今，当年的吐蕃早已不再存在，但藏语藏文却依然为人所用，生生不息。

松赞干布短暂的一生中（公元 617—649 年，有争议），平定内乱，攻灭象雄，统一西藏，重创吐谷浑，与大唐和尼泊尔联姻，兵临北印度，引进佛教，创制藏文，订立制度……文治武功赫赫，像一朵绚烂的烟花，照亮了雪域高原。

松赞干布去世后，因为其子共日贡赞英年早逝，所以由其孙芒松芒赞继承赞普之位。芒松芒赞年龄幼小，由大相禄东赞摄政。禄东赞是一位能臣，在松赞干布时期就显出了非凡的智慧与才能，史载“东赞不知书而性明毅，用兵有节制，吐蕃倚之，遂为强国”。幼主少不更事，禄东赞得以大展拳脚，吐蕃开始了第二轮大规模的扩张。

公元 656 年，禄东赞亲率大军攻打白兰羌，之后又进攻归附唐朝的吐谷浑。此时的吐谷浑已是江河日下，大臣素和贵出逃，投奔吐蕃，将吐谷浑的虚实告诉了禄东赞。公元 663 年，吐蕃与吐谷浑在黄河岸边决战，吐谷浑大败，可汗诺曷钵与弘化公主带领残部逃往凉州，吐谷浑从此灭亡。此后禄东赞一直镇守吐谷浑故地，直到去世的前一年才回到拉萨。

禄东赞死后，他的五个儿子把持吐蕃朝政达六七十年。五兄弟也非泛泛之辈，堪称吐蕃的“五虎上将”。长兄赞悉若子承父业，继续担任大相之职，论钦陵、论赞婆两兄弟则镇守边关，四面出击，令东土西域胆战心惊，成为大唐之劲敌。公元 667 年，论钦陵攻占唐之“生羌十二州”，670 年又攻破西域十八州，并在大非川与唐朝名将薛仁贵交战，大败薛仁贵的十万大军，迫使唐朝退出安西四镇（龟兹、于阗、焉耆、疏勒），吐蕃势力开始图谋西域，并与唐廷展开了拉锯战。吐蕃两次攻占安西四镇，直到公元 692 年，唐兵部尚书王孝杰击破吐蕃，收复四镇，并派兵常驻，吐蕃才在争夺安西四镇的战争中暂时败下阵来。

公元 676 年，赞普芒松芒赞去世，由年幼的都松芒布杰继位，噶尔兄弟继续主持吐蕃政权，在东西两线与大唐全面开战。

王孝杰多次与噶尔兄弟交手，互有胜负。其中以公元 695 年，论钦陵与王孝杰在吐谷浑故地的一场交锋最为精彩。《敦煌本吐蕃历史文书》（王尧、陈践译注）记载了战前王孝杰与论钦陵的一些书信往来，这些书信展现出了双方精彩的文斗。王孝杰尚书发来书翰，并赠以粟米一袋、蔓菁籽一袋。书信中言：“吐蕃在虎关隘、牦牛关隘之军旅数吾亦相当。谚云：量颅缝帽，量足缝靴。吐蕃能聚集之大军，吾仅发克蕃之兵丁亦有如是之数。细喉咙能容纳，大肚子会装不下吗？天降霹雳，轰击岩石，岩石再大岂能相比！”

论钦陵作答云:“口头比试毋言数之多寡！小鸟虽众，为一鹰隼之食物;游鱼虽多，为一水獭之食物。鹿角虽多，岂能取胜？牛角虽短，却能善斗。松树生长百年，一斧足以伐倒。江河纵然宽阔，一庹之牛皮小舟即可渡过。青稞稻米长满大坝之上，入于一盘水磨之中成粉。星斗布满天空，一轮红日之光，使之黯然失色。山谷川口一星火焰，足以烧光高山、深谷之所有果木树林。一股泉水源头暴发山洪，足以能冲走所有山上、坝上之果木树林。满地土块之中，若使一石滚动，请观此一石破碎？或是土块破碎？请观在一大坝之上，一捎干草与一根箧箍同放，草先朽乎？箧箍先腐乎？请观一铜缸之中，放进一瓢盐，是水有味乎？盐有味乎？雷里霹雳之光舌甚少，天下四境所传之声甚大。你们之军旅实如湖上之蝇群，为数虽多，不便于指挥，与夫山头云烟相似，对于人无足轻重也。吾之军丁岂不是有如一把镰刀割刈众草乎？牦牛虽大，以一箭之微，射之难道不能致死乎？”

王孝杰尚书对答曰：“一卵之微，以大山之重压之，能胜任乎？一火之微，以大海之波灭之，岂有不灭之理乎？”

论钦陵又答之：“山之巅为岩，岩之上为树，树之梢头为巢，巢之内有卵。山如不坍，岩则不垮，岩不垮则树不断，树不断则巢不覆，巢不覆则卵不碎也。山有碎卵者，莫非此类者乎？大火燃于山上，河水流于谷中，山腰亦不能至。吐蕃悉补野氏如山上之日头，唐主如月亮一般，虽同为君主则相似，然于天下，其光耀所及则相去甚远，大小之类言辞，不必较量也。大海之中，有鲸鱼在游，天降霹雳，杀鲸鱼于水中。雷电二者一旦降临，虽坚过岩石亦将粉碎也。吐蕃之神圣赞普，与苍天二者共同联手，大无过于末计芒（吐蕃一小邦首领）之子，他深藏于九层地表之下，擒而杀之。由此观之，大小与夫多寡之得失优劣，无有比试之必要也。”

大相论钦陵豪气干云，唐军在气势上已输掉一大截，结果可想而知，吐蕃大败唐军，河西廓州等地归于吐蕃，王孝杰也因此被罢官免职。

噶尔兄弟功高震主，引起了幼主都松芒布杰和母后赤玛蕾的不安。当噶尔兄弟在前线冲锋陷阵之时，宫廷内部一张严密的大网正在张开。公元694年，都松芒布杰以谋反罪名诛杀五弟勃伦赞刃，并清查噶尔家族财产，又亲率大军扑向论钦陵在边界的营帐。《旧唐书·吐蕃传》记载，“圣历二年（699年），其赞普器弩悉弄（都松芒布杰）年渐长，乃与大臣论岩等密图之。时钦陵在外，赞普乃佯言将猎，召兵执钦陵亲党二千余人杀之。发使召钦陵、赞婆，钦陵不受召，赞普自率众讨之，钦陵未战而溃，遂自杀，其亲信左右同日自杀者百余人。赞婆率所部千余人及其兄弟子莽布支等来降。”论赞婆一行得到了武则天的热情接待，赏赐无数，加官进爵。

此后的论赞婆，就是为大唐而战了。他和一起逃到唐朝的论钦陵的子孙世代仕唐，屡立战功。生前尽享荣华，死后极尽哀荣。论钦陵之子论弓仁受封拨川郡王，死后由著名诗人张说撰写“拨川郡王碑”文，并流传至今。碑文历数论弓仁的武功伟业与忠勇壮烈，篇末铭文曰：“既封酒泉，乃位将军。朔方阴塞，直彼獯虏；帝命先锋，阚如虓虎。山北加灶，汉南击鼓；十数年间，耀国威武。我有师旅，将军鞠之；我有边甿，将军育之。柳涧亡师，一剑复之；兰池叛胡，三战覆之。武节方壮，朝露不待；王爵送终，宿恩未改。时来世去，人物如在；铭勋谥忠，以告四海。”

噶尔兄弟为吐蕃南征北战，开疆拓土，最终在吐蕃却不得善终，后世子孙在大唐却备极荣华，不得不令人唏嘘。

噶尔家族覆灭，吐蕃如同自断一臂，赞普都松芒布杰亲自披挂上阵，攻占瓜州（今属酒泉），远征南诏，一时间吐蕃大军所向披靡。《新唐书》

记载，吐蕃领土“东接松、茂（今四川西北）、嶲（今西昌一带），南及婆罗门，西取四镇，北抵突厥。幅员万余里，汉魏以来诸戎所无也”。

公元704年，都松芒布杰于南诏军中遇难，久存异志的各地部落纷纷谋叛，蠢蠢欲动，赞普母后赤玛蕾显示出了巾帼不让须眉的一面，她不动声色，暗自调兵遣将，指挥若定，各地反叛之火被一一扑灭。宫廷内部，赤玛蕾巩固了幼年赞普赤德祖赞的地位，自己也临朝听政达八年之久。

赤玛蕾对内整顿内务，清点田亩，征收赋税，充实国库；对外息兵休战，并遣使者入唐为赞普请婚。唐中宗将金城公主嫁与吐蕃，与文成公主对比，金城公主的嫁妆要丰富很多。尤其是河西九曲之地，即甘肃、青海黄河以西的土地，此地为水草丰美之地，吐蕃多次攻打而未得，如今不用大动干戈而得到此地，吐蕃的兵马更加强壮，更是直接将河西九曲作为对唐作战的前沿阵地和保障基地，从此吐蕃进出唐境几乎畅通无阻。公元730年，金城公主向唐请求抄送《毛诗》《礼记》《左传》《文选》诸经典各一部。此事引起了朝堂上的一场争论，秘书省官员于休烈认为，吐蕃乃国之寇仇，如果送去这些经典，吐蕃知晓了用兵权略，于大唐不利。侍中裴光庭则认为，经典中不仅有用兵权略，还有忠信礼义，有助于教化，最终唐皇听从了裴光庭的意见，将《诗》《书》等经典送到吐蕃。此一举措确实有利于吐蕃社会的礼仪教化。

金城公主入藏，并没有给大唐与吐蕃之间带来长久的和平。大唐与吐蕃之间仍以西域和河湟之地为争夺重点。但这一时期吐蕃败多胜少，青海、西域都牢牢控制在唐朝手中，这种局面一直持续到公元755年，赤德祖赞被大臣谋杀。

继位的赞普赤松德赞，趁唐朝安史之乱（公元755年—公元763年），唐边军大部内调平乱，边防空虚之时，率军大举入唐境，西域尽纳入吐蕃，唐陇右河西诸州也为吐蕃所占。公元763年，吐蕃大相达扎路恭甚至率领十万大军东进，占领了长安，后慑于郭子仪的威名匆匆退去，总共占领长安十五天。安史之乱后，大唐已是江河日下，辉煌不再，而吐蕃则达到了军事实力上的顶峰。中唐著名诗人戎昱在《咏史》（又称《和蕃》）一诗中感慨道："汉家青史上，计拙是和亲。社稷依明主，安危托妇人。岂能将玉貌，便拟静胡尘。地下千年骨，谁为辅佐臣。"诗中揭示了中原王朝的无能和衰落，对周边少数民族只有采取和亲的政策来换取一时的安宁。

此时赤松德赞正是得意之时，立志要将祖先的基业再次扩大。吐蕃军队在赤松德赞治下南征北战，吐蕃东跨黄河，直抵凤翔，南达印度，西接波斯，北至于阗，权势臻于全盛。赤松德赞在位四十四年，不仅在对外征伐上取得了很大成就，在内政建设上也很有建树，即位之初平定叛乱，稳定朝政，健全法制，强化统治，发展生产，整顿财政，澄清吏治，赏罚分明，修寺译经，弘扬佛法，被后世称之为"瞻部洲之王"。

关于吐蕃军队的骁勇善战和甲胄精良，《新唐书》记载："（吐蕃）重兵死，以累世战没为甲门，败懦者垂狐尾于首示辱，不得列于人。……其甲胄精良，衣之周身，窍两目，劲弓利刃不能甚伤。其兵法严，而师无余粮，以虏获为资。每战，前队尽死，后队乃进。"唐人从对手的角度，对吐蕃的装备、军纪和兵法给予了极高的评价。

赤松德赞之后，牟尼赞普继位，这位赞普是一位和平主义者。他一改乃父生前四方征伐的政策，偃武修文，建寺译经，弘扬佛法，分田地均贫富，遣使赴唐请和。然而，这位年轻的赞普仅仅在位一年零九个月就被谋害，享年二十九岁，据说是其崇本的母亲痛下的杀手。

牟尼赞普死后，公元 798 年其弟牟如赞普继位。然而此时吐蕃发生内乱，牟如赞普被废，随后被杀，幼弟赤德松赞在参政僧人阐钵布娘·定埃增和勃兰伽·贝吉允丹的辅佐下继承赞普位。此时吐蕃内部佛教所秉持的和平理念取得了胜利，吐蕃主动提出与唐朝和解，唐朝欣然响应，和谈顺利进行。然而赤德松赞并没有看到和谈达成的那一天，公元 815 年，正值盛年的赤德松赞去世，其子赤祖德赞继位。

公元 821 年，大唐与吐蕃双方在长安会盟树碑。公元 822 年，唐朝会盟首席代表大理寺卿刘元鼎率领使者团来到拉萨，双方举行盛大仪式。公元 823 年，终于在大昭寺前树起了屹立至今的“唐蕃会盟碑”，时为唐穆宗长庆三年，因此称为“长庆会盟”。

长庆会盟基本上结束了唐蕃之间长达二百年的战争，双方重申甥舅情谊，归还战俘，划定边界，重开边贸互市，归还部分占领土地，互派使节出访等。二百年间，无数人的鲜血和白骨铺就了这条和平之路，而和平的背后，也显示出两个政权的江河日下，朝堂内部忧患重重，对外扩张力不从心，双方都需要一个安定的外部环境来处理已陷入危机的内政。然而两方政权积弊已深，几十年后，两个曾经光芒万丈的政权相继覆亡。

赤祖德赞崇信佛教，大力弘扬佛法，藏传佛教在此时期发展极大。除修建佛寺、组织译经、礼拜僧侣外，他的一些措施甚至有些偏激，如任用僧侣为政府官员管理政事；身为赞普，在僧人讲经时将自己的头巾铺开让僧人安坐其上；分配给寺庙大量财富和土地，并且要求每七户人家供养一名僧人，即“七户养僧”制；强令群臣见到僧人必须施礼，若有人以手指僧人就把手砍掉，若以眼瞪僧人就把眼挖掉。这简直就是佞佛了。在佛教尚未普及到民间，朝中崇本大臣势力强大的背景下，赤祖德赞的做法招致了一批大臣和大量平民的不满，最终被崇本大臣联手加害。

公元 838 年，赤祖德赞去世，他的兄长朗达玛继承赞普之位。这位赞普在位时间仅仅三年，藏文史籍记载中他似乎只干了一件事：毁法灭佛。他也因此被僧人刺杀而身亡，统一的吐蕃政权就此崩溃。

第三节　崩溃·朗达玛与阿里三围

赤祖德赞被人谋杀，朗达玛继位。在宫廷斗争的暗流涌动中，朗达玛一面纵情声色犬马，一面对那些重臣言听计从。在后世佛教史家追记的朗达玛的事迹中，他狂躁暴戾，与崇本诸恶臣一道，谋害其弟赤祖德赞，任用奸佞，陷害忠良，毁佛灭法，甚至将大昭寺广场都变成了屠宰场，逼迫僧人做屠夫，焚毁经书，将文成公主带来的佛像扔进河里，等等。在藏传佛教史籍中，朗达玛被描述成头戴牛角的恶魔，是他导致了吐蕃帝国的崩溃，连带着此后黑暗的四百年的“灭法期”。

对于藏传佛教来说，朗达玛最终遭到报应，被一位僧人刺杀。藏史中记载朗达玛遇刺的过程十分精彩。刺客僧人贝吉多杰头戴黑冠，脸涂黑油，僧袍外黑内白，坐骑也以炭灰涂黑，黑人黑马来到了拉萨。朗达玛此时正在大昭寺前的唐蕃会盟碑前细读碑文。刺客假装跪拜，暗暗扣动袖中隐藏的利箭，一叩首时，张开了袖中的暗弩；二叩首时，箭已上弦；三叩首时，利箭正中赞普眉心（一说胸口），朗达玛气绝身亡，贝吉多杰翻身上马，飞奔至拉萨河畔，丢弃黑冠，洗去马身上黑灰和自己脸上黑油，僧袍翻穿。待追兵赶到，只见白人白马涉水而去，黑人黑马却不见了踪影。贝吉多杰摆脱追捕，潜心佛法，终成一代大师。后世佛教史家也因他刺杀朗达玛护法有功，而为他树碑立传，将其载入史册。

其实抛开佛教史观的偏见，朗达玛灭佛未必全是出于主观。前几任赞普对佛法的弘扬固然促进了佛教的传播，但一些做法确实过于偏激，如其弟赤祖德赞，简直就是佞佛了。出家僧尼过多，依附于寺院的人多，寺院势力过于强大，寺院收入也不纳税，造成国家劳动力、兵源、财政收入减少，大大威胁到国家的统治。只有毁佛灭法，抑制佛教发展，才有可能继续维持统治。无独有偶，此时在大唐，唐武宗也在大力灭佛，从会昌二年（842年）到会昌六年（公元 846 年），武宗下令拆毁佛寺，没收寺院土地财产，强迫僧尼还俗，这即是佛教史上著名的“会昌法难”。由此也说明在九世纪中叶，佛教在亚洲的传播进入了一个鼎盛的阶段。

从吐蕃政权的建立到灭亡，佛本之争始终贯穿着。本教为吐蕃本土宗教，起源于象雄时期，历史十分悠久。佛教自松赞干布时期开始大规模进入吐蕃，文成公主和赤尊公主都很崇信佛教，松赞干布也曾派人到印度引进佛法，翻译了一些佛经，并在拉萨建了大昭寺，佛教由此开始在吐蕃传播开来。但原始本教的势力依然根深蒂固。赤松德赞时期，佛教在吐蕃取得了极大的发展。赤松德赞派桑西前往中土请回佛经千部，从印度迎来了佛学大师寂护和莲花生，并组织了一场佛本大辩论。原始本教由于缺乏深入的教义，缺乏辩论训练，面对理论体系完备、教义深奥的佛教自然是败下阵来。赤松德赞当场宣布佛教获得胜利，并颁布禁令，禁止信仰本教，废除本教祭祀，不准为了超度亡灵而宰杀牛马牲畜，不准以血肉献祭供奉；只在象雄保留本教的信仰和仪轨，其他地方一律禁止；销毁本教书籍，将其投入河中。连为吐蕃立下赫赫战功的达扎路恭也因不信佛教而一度被流放到北方。

公元 775 年，桑耶寺建成，这座融合了汉、藏、印度建筑样式的宝刹在雅鲁藏布江之畔拔地而起。赤松德赞还从名门大户中选拔子弟剃度，命其为“七觉士”，组织大量汉、藏、印度高僧夜以继日地翻译佛经，寂护大师的弟子和汉和尚摩诃衍每天为信众讲经说法。一时间，从拉萨到山南，言必称佛法，已成一时之尚。从表面上看，佛教取得了空前的胜利，本教败局已定。然而在朝廷内部，崇本的大臣和贵族仍不在少数，他们表面上顺从赞普的意见，暗地里却积蓄力量，伺机反扑。当赞普的权力至高无上时，他们自然是没什么机会，但一旦赞普的权力削弱，他们就借掌权之机，大肆反扑。赤松德赞以后的几位赞普都不得善终，甚至传说连赤松德赞本人也是被崇本大臣所害，显示了本教在朝堂之中仍然具有很强的势力。到赤祖德赞时，其大肆佞佛，不仅激起了崇本势力的不满，即使普通百姓也难以忍受。吐蕃最后一位赞普朗达玛为调节矛盾，大肆灭佛，但矫枉过正，最终为僧人杀，导致吐蕃四分五裂，佛本之争也暂告一段落。

朗达玛遇刺后，吐蕃政权一分而二，以拉萨河为界，一派拥立朗达玛次子云丹占据拉萨一带，一派拥立朗达玛长子沃松占据雅砻一带。南北对峙的格局持续了近三十年，耗尽了吐蕃政权残存的气数，最终引发了各地的暴乱。南北两方的权势虽在，但都已无力掌控吐蕃全局。公元 866 年，唐史中留下最后一笔关于吐蕃的记载——“吐蕃自是衰绝，乞离胡（云丹）君臣不知所终”之后，再无吐蕃消息。

政权分裂后，平民起义四起，沃松之孙吉德尼玛衮逃往阿里，开创统治，其三子占三围，史称“阿里三围”。如今阿里地区旅游部门为了发展旅游，将“阿里三围”解释为“普兰——雪山围绕的地方；札达——土林围绕的地方；日土——湖泊围绕的地方”，这样解释固然也无错，但终归给人一种失去本义的感觉。

吉德尼玛衮到达阿里，此时的阿里，已不再有二百多年前兴盛的象雄文明。

他利用自己的高贵血统征服当地的小邦土王，继承了家国，建立了阿里政权，吐蕃的血脉得以在古老的象雄故地延续下去。吉德尼玛衮在晚年时，将土地分给他的三个儿子：长子贝吉衮占据芒域，后来发展为拉达克王国（今克什米尔南部）；次子扎西衮占据布让（今普兰县，包括尼泊尔西北部一部），后并入古格政权；幼子德祖衮占据古象雄地域，即古格政权。分封之时，吉德尼玛衮当然不会想到，八百年后，拉达克王国会攻灭古格，当然这都是后话了。

幼子德祖衮，开创了延续八百年之久的古格文明，大力弘扬佛法，让远在西极的阿里地区，成为青藏高原上佛教徒的乐土，并开藏传佛教“后弘期”之先声。

第三章　神奇宗教

见你，独坐菩提树下，静默不语；

前世，今生，来世，一袭袈裟，一缕梵唱，一世别殇；

幽幽的，一切有了开始。

仓央嘉措是一个诗人，更是一个活佛，是六世达赖喇嘛，这或许是这个世间最美的情郎最“正经”的诗作了。

在仓央嘉措身上，体现了藏传佛教几乎所有的关键词：青年时期的世俗印记、布达拉宫里的佛教修养、雪域高原上的政治斗争，还有被康熙帝废黜后在押往帝都路上的圆寂。

第一节　前弘期：制衡政治者

前弘期是藏传佛教的孕育期，也是藏民族和藏文明形成的重要时期。这一时期，吐蕃的政治、文化和民族板块较为破碎，赞普权势的合法性受到以三小王、原苏毗和象雄为主的地方豪族势力的挑战，政权建构和文化认同存在严重的渗透性危机。

作为吐蕃主要的宗教信仰，对社会的渗透较为彻底的本教是吐蕃政权合法性的主要来源。但在赞普权势、地方豪族势力和本教教权三方博弈格局下，鉴于共同的对赞普强大权势的恐惧，作为天然联盟的后两者对赞普权势起着严重的制约乃至是威胁的作用。

为应对迫切的文化和民族认同建构需求，建构自上而下的官方信仰以巩固政权，赞普将目光投向了佛教。此后，以唐、印为主的外来文化及伴随而来的佛教贯穿了松赞干布至朗达玛的整个前弘期，其在社会政治经济层面的反映就是以赞普权势和佛教势力为一方，地方豪族权势和本教教权为另一方的权力博弈。

※ 赞普面临的形势

当悉补野氏的松赞干布于公元 630—634 年间征服象雄，统一吐蕃时，其社会形态还较为原始，经济范畴除了一江两河流域外多以游牧为主，文化范畴则是有语言而无文字。

在政治和军事领域，赞普权势一直面临着四股势力的挑战：一为原苏毗的氏族势力，如念氏、娘氏、韦氏、农氏、庐氏、噶尔和蔡邦氏；二为悉补野氏联盟内部的同父系氏族，如洛氏、额氏、努氏、曲氏；三为五大戚族，即没庐氏、琛氏、那囊氏、蔡邦氏和属庐氏；四为吐谷浑、工布、达布三小王以及象雄。

可见，在前弘期，吐蕃面临着统一的政权、民族和文化建构的严峻挑战。而作为人类文明最初的体系化的象征和载体，宗教的对内的自我认同性和对外的排他性所导致的内在凝聚力和竞争精神在文明发展史及民族和国家建构范畴发挥了极为重要的作用。

在吐蕃政权的建构过程中长期扮演这一凝聚力的正是本教。

本教发源于位于东西文化交流节点的象雄，是在象雄原有的萨满教基础上借鉴周边其他成熟宗教发展而来的，具有中亚宗教普遍具备的政治性。鉴于对吐蕃社会极强的渗透性，本教信仰与蕃人的生活结合在一起，成为蕃人的生活习惯的一部分。

因此，自传说中的吐蕃时期，吐蕃政权便利用本教加强其政权的合法性。用轿子抬着第一代赞普聂赤赞普登上王位的十二贤人就是本教徒，他们宣扬赞普是受天神之命统治人间的天神之子。

本教也因此在吐蕃获得了强大的政治影响力，自传说中的吐蕃时期就以“弧本”等职位位列统治者的行列。《宗派源流》援引藏文资料称，共有 26 代赞普以本教治政。在吐蕃的盟会上，告神之“巫”就是本教首领，它的势力左右着赞普的决策。

这种政治摆脱不了宗教，宗教攀援于政治的政教模式固然在某种程度上赋了了赞普统治以合法性，但同时也严重威胁到了赞普权势的完整性。正如传说中的第八代赞普止贡赞普灭本时所说：“在这块土地上，容不下我的王权和你的本权。”

在吐蕃政权的大部分时期，无论是从民族和国家的建构还是从政府的有效性来讲，都面临不同程度的危机。

就政治层面来讲，赞普权势常常由权臣和妻舅势力所把持，吐蕃政权的九位赞普（也有十位、十一位之说）至少有四位被害，有三位是在出生当年就即赞普位，其中还有两位遗腹子。

因此，在统一的藏民族和藏文化没有完全形成的前提下，赞普治下的民族文化和政治板块极为破碎，民众对部落的认同和忠诚往往高于对国家、民族的认同和忠诚。

※ 作为制衡者的佛教

吐蕃政权这种破碎的政治板块赋予了政治范畴的不确定性，背叛和谋杀如影随形，吐蕃君臣必须通过频繁的盟誓建立互信。在《敦煌吐蕃历史文书》中，每年夏、冬两季的会盟都是必记的大事。

即便如此，赞普和豪族间的关系依然充满血腥。比如，继赞普位者大多为儿童甚至是襁褓中的婴儿并命运多舛。

意大利藏学家杜奇由此认为，当赞普的继承人十三岁时，不愿效忠的氏族会将其谋杀，以便立一个襁褓中的婴儿为赞普。

因此，贯穿 7 世纪至 9 世纪中叶，当那些著名赞普的表面权威瓦解时，他们就必须面对敌对的是雄心勃勃的部落首领，整个政权统一的权势完全依赖于他们的效忠。

同时，自娘芒保杰尚囊到论钦陵，在不到 100 年间，7 位大相中有 5 位因不忠而自杀或被杀。论钦陵以后的大相或大臣，或罪或叛而被贬被杀者，在敦煌古藏文史料《吐蕃大事记年》中屡见不鲜。

在以赞普、地方豪族和本教为参与者的博弈过程中，作为制衡者的本教势力虽然拥护赞普的统治，但因慑于赞普权力膨胀的威胁，同地方豪族势力间同时保持着天然的盟友关系。

因此，赞普强烈需要寻求第三方势力达成稳固的同盟，以制衡地方豪族和首鼠两端的本教教权间的联盟，以达到均衡的最优结果。这个盟友或者说是制衡者，就是佛教及其所代表的文明。

在政治制衡目的的背后，赞普同时希望凭借佛教建构一个自上而下的民族文化和官方信仰体系，以达到加强权势、巩固统治、牢固树立自身权威，并削弱本教和地方豪族势力的目的。

鉴于地缘文化因素，佛教传入西藏的时期较早，有学者认为在传说中的第二十七代赞普拉脱脱日年赞（约公元3世纪左右）时就已传入雅砻地区。但直至松赞干布时期，佛教也没有上升到政治层面，更谈不上对社会的渗

透，其阻力之大可想而知。

松赞干布必须以极大的勇气和力量来扶植佛教，其后七位赞普也基本继承了通过引进佛教文明并利用佛教的力量排斥本教和豪族权臣的策略，即便是朗达玛统治前期也是如此。

其中，鼎助力度最大的松赞干布（公元629—650年在位）、赤松德赞（公元745—796年在位）和赤祖德赞（公元815—836年在位）为佛教在吐蕃的落脚和生根起了关键作用，分别被后来的藏传佛教史观视为是观音菩萨、文殊菩萨和大持金刚的化身，被誉为“三大法王”。

随着佛教影响范围的逐步扩大和对社会渗透的逐步加深，吐蕃赞普给予佛教势力越来越多经济和政治领域的特权。

比如，在由寂护设计、莲花生勘察、赤松德赞奠基的桑耶寺于公元779年建成时，赤松德赞在该寺发布两道行佛证盟诏敕，并由赤松德赞父子主盟，令大小臣工一同立誓，永行佛法，宣布佛教为国教，正式将佛教置于同本教对立的政治地位。

除此之外，赤松德赞还下令佛教三宝之供养均由政府提供，并封授佛教高僧大金字告身以参与国政。

而赤祖德赞则直接任命僧侣钵阐布允丹为钦命兼领内外政同平章事大沙门，位列众相之首，参决一切军国大事。

佛教势力也以佛教法王之名，鼓吹赞普为人间佛法的代表，并将赞普世系同印度最早崇佛的古邦国国王联系起来，称赞普的祖先是居萨罗（Kosala）国王波斯匿 (Prasenajit) 的五世后裔，又有的说是摩揭陀国王瓶沙王的儿子阿阇世王的五世后裔。

可见，在与地方豪族和本教教权的博弈过程中，吐蕃赞普将“外来的和尚”——佛教作为制衡力量，同佛教势力达成了联盟，赞普充当佛教的护教使者，在政治、经济领域给予其远超本教的特权和便利。

与之相应，佛教为赞普的权势提供合法性并充当挤压地方豪族和本教权力空间的工具。但是，这一博弈的过程充满了冲突和阴谋，作为制衡者的佛教势力也经历了种种挑战乃至是最后的法难。

※ 佛本冲突和法难

宗教具有极强的排他性，产生这种排他性主要原因是偏见，特别是对其他宗教团体的偏见。在吐蕃时期，佛本间的这种建立在偏见基础上的排他性因多了政治和经济冲突而显得更加尖锐。

前弘期佛教的传播一直面临本教势力的阻挠，几度受挫，而几乎垄断了吐蕃大相位的地方豪族也是佛教要严肃面对的阻力。

同佛教成为赞普的工具一样，本教自然地成为豪族的工具。在这一过程中，以赞普和佛教势力为一方，以地方豪族和本教势力为另一方展开了以吐蕃政治经济控制权为目标的零和博弈。

松赞干布拉开了向唐印学习文化和引进佛教的大幕。但是，在这一时期，虽然创建了文字并翻译了大量佛经，并从公元 637 年开始在逻些建立了第一批佛教寺院，但佛教的影响力和对社会的渗透性较差。

证据之一就是这一时期所建寺院规模很小且没有常驻僧人，证据之二就是这一时期并没有佛本之间任何矛盾斗争的记载。

而且，松赞干布后的芒松芒赞（公元 650—676 年在位）和都松芒布杰（公元 676—704 年在位）继赞普位时均为襁褓中的婴儿并都英年早逝，文献中更是没有他们同佛教间有任何关系的关系记载。说明在芒松芒赞和都松芒布杰时期，由于噶尔家族专权，佛教受到打击而一度沉寂，即便没有受到针对性的打击。

赤德祖赞（公元 704—755 年在位）于出生当年即继赞普位，虽然他还有一个兄长乞梨拔布。松赞干布后连续三位赞普中，襁褓中继位且有强烈的弃长立幼倾向，证明了赞普权力和生存环境的尴尬。

因此，在太后赤玛蕾（？—公元 712 年）监国下成长起来的赤德祖赞出于实用主义目的考虑，选择再度弘扬佛法。

赤德祖赞行佛抑本的行为触犯了本教势力以及与之相勾结的地方豪族。因此，当印僧寂护公于元 743 年受赤德祖赞之请入吐蕃传教时就受到本教势力的抵制，他们称佛教要为一系列自然灾害负责。

寂护不得不退回到泥婆罗，而因穆斯林的渗透而逃往吐蕃的于阗僧人也在公元 739 年以触怒本教神祇的借口被驱逐出境。甚至连赤德祖赞本人也于公元 744 年末公元 745 年初为崇信本教的末氏、朗氏发动的宫廷政变推翻，遇弑身亡。

继赞普位的赤松德赞 13 岁时，佐命大臣玛祥仲巴杰和达热禄恭等人以赤德祖赞的短命是奉行佛法的报应，应奉行本教以消除今生的灾难为由制定“反佛小法”，发动了第一次禁佛运动。寺院神殿被改为屠宰场，即便是文成公主带来的释迦摩尼十二岁等身像也不得不埋藏了起来，直到赤松德赞亲政后又重新迎请了回来。

据《新红史》记载，“大臣玛祥仲巴杰及达热禄恭等不喜佛法者权势甚大，他们先将尊者释迦摩尼佛像埋于沙中，由于产生了一些不吉祥的征兆，于是复将佛像取出，并派人送往印度。当抵达芒域吉隆之时，据谓道路不通，遂藉口（将佛像）置于彼地。”

亲政伊始，赤松德赞便擢用崇佛大臣桂·墀桑和祥·娘桑等人，活埋玛祥并流放达热禄恭，接着又迎请莲花生和寂护入蕃，并借公元771年的佛本辩论，以佛教战胜本教为名推行全面禁本政策。

而且，面对本教对佛教经典的剽窃行为（相较于本教，佛教经典更为完备），赤松德赞下令凡改佛经为本经者一律处死。

本教在同高奏凯歌的佛教的冲突中黯然失色，许多本教徒不得不改宗佛教或逃亡到吐蕃周边的偏远山区，许多本教经典被封存起来以便在十三世纪后以“伏藏”的形式被发现。

同时，赤松德赞鼓励贵族子弟崇佛习法并制定三户养僧制，规定官府不干涉佛事，全面提高佛教的政治、社会地位。

最终，赤松德赞在公元779年桑耶寺大殿落成时发布两道行佛证盟诏敕，佛教正式取得了第一宗教的地位。

赤松德赞的行为并非没有遇到阻力。

比如，赤松德赞曾有意赋予佛僧大金字告身，赋予他们参与御前会议的权力，因部分大臣反对而未付诸实施；赤松德赞的正妃才邦氏以秘法为妖术并有害于赞普而反对崇佛，赞普将其流放；而赤松德赞的第二任正妃蔡邦氏更是宣称拥护本教，公然与之对抗。

赤松德赞于公元796年春禅位出家，也有说法称他为蔡邦氏所害。

公元796年，22岁的牟尼赞普继位后，贯彻了其父的崇佛政策，创立四大供并下令国中富豪、贫民皆须供奉布施。牟尼赞普的这一举动使得矛盾全面升级，于公元798年被毒杀，在位仅一年又九个月。

继牟尼赞普位者为其弟赤德松赞（至公元815年），其继赞普位时年仅12岁。赤德松赞在崇佛的娘定埃增等人的辅佐下平定了地方豪族势力的叛乱，继续巩固佛教僧侣的政治和经济地位。

赤德松赞设“钵阐布”（国师）一职并任命僧相，佛僧自此正式跻身众相行列。赤德松赞还颁布不准毁坏佛教、坚守三宝之《吉英兴佛诏书》，下令全体臣工发誓“世世代代永不毁灭佛”之誓。

佛教在赤德松赞时期获取了巩固的政治的和经济地位，开始将影响力逐步从宫廷向民间社会渗透。

赤祖德赞（至公元836年）继位时年仅9岁，他的成长过程充斥着浓厚的佛教氛围，在其统治时期，佛教势力空前强大。

赤祖德赞除了大加营建寺庙、供养僧团和翻译佛经外，还继续任用僧相并将其列于众相之首，参决一切军国大事。在经济方面，对佛寺的属民及寺产不征调任何赋税差役。

对此，《拔协》记载：“赤祖德赞将一切都奉献给出家僧人，政事按佛法办理，权力归于比丘。”836年，赤祖德赞为崇信本教的权臣韦·达纳坚、交若拉伦和列杜赞勒颈而亡。

弑君者韦·达纳坚自立为大相，拥戴达玛（至公元842年）登上赞普位。这时，七户养僧制和佛教的经济特权以及寺庙的大批兴建已经严重削弱了吐蕃的经济基础，苦于重税的民众也对佛教渐生反感。

在观望了一段时间后，达玛决定灭佛，借口就是佛教的传播导致了“商萨地区发生的年荒、饥馑与瘟疫”。

达玛颁诏灭法，掀起了较第一次禁佛运动广泛严酷得多的第二次禁佛运动，释迦牟尼十二岁等身像再次被埋藏了起来。

后来的佛教史观对达玛极其憎恶，认为他是牛魔王再世，在其名字前冠以“牛”字，达玛由是成为人所周知的朗达玛。

根据《贤者喜宴》的记载，“众生则称此赞普为牛，以畜生之名呼之……

吐蕃之福德犹如无油之灯完结了；十善之法好像腐朽的草绳一样毁掉了；邪恶的行径宛如阴天时的暴风一样刮了起来。”

但是，已经传播近两个世纪的佛教在吐蕃社会各阶层已经拥有了广泛的支持基础。朗达玛最终为其行为付出了生命代价，并且直接葬送了吐蕃政权，拉开了诸族混战的大幕。

※ 后来者居上

朗达玛终结了吐蕃政权，也开启了后弘期的大门。在前弘期，围绕吐蕃上层社会的始终是赞普权势、地方豪族、本教教权和佛教势力间的博弈，也正是这种零和博弈加速了吐蕃政权的毁灭。

而佛教势力也在这一追逐权力和利益的过程中异化了，从一个可以依赖的外来因素异化成一个影响政局、吞噬国力的利益集团。围绕这些利益，佛教内部也开始了激烈的争斗。在桑耶寺僧伽建立后，寺僧甚至长时期不事供养而专重争辩，使得寺院污损毁坏。

朗达玛灭佛为前弘期画上了句号，但本教并未因此得以复兴。随后的斗争严重挤压了本教的生存空间，而佛教凭借更为成熟的宗教理论和完善的架构逐渐统治了雪域高原，开启了缔造政教高度合一的藏传佛教和极具特色的藏民族和藏文化的后弘期的进程。

第二节　后弘期：政教渐合一

吐蕃政权灭亡后，各部落纷纷割据一方，出现了“种族分散，大者数千家，小者百十家，无复统一”的局面。如同蛮族入侵后的中世纪欧洲一样，宗教成为这一混沌世界的最大公约数。

佛教的影响力与日俱增，乃至贵族们也不得不披上僧侣的外衣来追求自己新的威望。有些教派以寺院为依托，依恃僧众和信徒，树立旗帜；有些教派得到政治权势的支持或直接与地方势力合流，形成家族式政教合一体制，如萨迦、帕竹噶举和噶玛噶举等教派。

与此同时，从 11 世纪开始到 15 世纪初宗喀巴创立格鲁派，藏传佛教四大教派全部成型，并全部具有极强的政治兴趣。

在蒙古于 13 世纪初全面渗透到西藏后，萨迦派在西藏的政教格局中占据上风，以元朝的军事、经济力量为后援，代表中央治理西藏地方。萨迦派的这一特殊地位使他们有恃无恐，僧衣罩住的是权力和资本，宗教糜烂，结婚、生子、列钟鼎。

14 世纪时，萨迦派因昆氏家族的内部分裂而日趋衰落，为崛起于泽当的帕竹噶举派郎氏家族取代。在帕竹噶举派同萨迦派争权夺利的过程中，

佛学废弛、寺庙组织涣散、戒律松弛，僧人无人约束，不念经、不修法、娶妻生子、放荡自恣。

上层僧人仗其威权，以修密为借口向民间索取妇女供其淫乐。正是由于藏传佛教当时的这种畸形的社会政治经济地位，以重密轻显，轻视戒律为特征的糜烂修行才得以大行于天下。

据《元史》记载，萨迦派僧人为元帝传无上密乘《喜金刚》大灌顶，授双修法（双身），广取妇女供其奸淫，唯淫戏是乐，甚至以男女裸处，君臣宣淫号为“事事无碍境界”。更有一种“合诛”法（《青史》将该法定性为邪法），肆意蹂躏妇女称为“合”，杀人活取心肝称为“诛”。这种倾向一并传染了其他藏传佛教教派。

作为人类权力的两个重要方面，宗教与政治是两种不同模式，政治是世俗社会的终极关怀，宗教是精神世界的终极关怀。如果宗教组织所追寻的政治权利过大，超过了政治组织的接受范围，所导致的结果只会是宗教

本身的异化或政治权利的最终丧失。

因此，在世界文明史的演进过程中，教权同政权间的关系多以前消后长的模式演绎。这固然是由宗教的社会道德规范的本质所决定，但政权本身对宗教产生的销蚀作用尤为重要，政治利益冲突往往同宗教的分裂和堕落密不可分。

鉴于当时藏传佛教的现状，宗喀巴（公元 1357—1419 年）便产生了整饬、复兴藏传佛教的宏愿。公元 1400 年，宗喀巴在拉萨传法时，正式提出僧人必须严守戒律的主张。

从公元 1401 年起，宗喀巴总摄三藏十二部经的要义，循着龙树、无着二大论师的思想，以阿底峡的《菩提道炬论》为基础，并结合自己证悟所得，规范学修次第，于公元 1402 年写出了中观应成派显宗理论体系的《菩提道次第论》。

《菩提道次第论》加上宗喀巴于公元 1406 年成书的《密宗道次第广论》，基本上奠定了格鲁派持戒清净、学修有序、先显后密、显密并重的特色。宗喀巴以戒律为根本，从正行、正理、建宗三个方面整顿宗风，一扫藏传佛教各种弊端，恢复了藏传佛教的本来面目，使得处于“末法”时期的藏传佛教重放异彩。

因对藏传佛教的卓越功勋犹如释迦牟尼转生，宗喀巴被称为“第二佛陀”。宗喀巴创建的格鲁派既具有鲜明的特点，又有严密的管理制度，成为藏传佛教的重要派别之一。

至清代，该派的达赖喇嘛与班禅喇嘛两个转世系统均由清廷扶持确认。格鲁派成为西藏地方政权的执政教派，西藏政教合一的统治形式自此进一步发展并逐步得以完善。

随着藏传佛教同政治联姻的日益密切，确保权力顺利传递的活佛转世开始出现并逐渐成熟，这一传统始于噶举派的噶玛支派。

公元 1283 年，楚布寺寺主噶玛拔希在圆寂之前对大弟子说：“我离开之后，在远方的拉堆地方将会出现一名继承黑帽派密法的传人，他没有来之前，你先暂时作为佛的代理。”噶玛拔希圆寂后的第二年，让琼多吉在噶举派最负盛名的米拉日巴大师的家乡（日喀则吉隆县）出生了，5 年后被认定为噶玛拔希的转世灵童。

到 17 世纪中叶，转世已发展成为藏传佛教首领人物的主要传承方式，存在于藏传佛教几乎所有教派当中。活佛转世制度的出现使得西藏的政教合一制度逐渐由家族式向活佛转世式转变。

虽然活佛转世制度由噶玛噶举派开创，但真正让其具备完整宗教仪轨的，是格鲁派的达赖喇嘛和班禅喇嘛两大活佛世系。

由五世达赖喇嘛在蒙古准噶尔部首领固始汗的帮助下创建了甘丹颇章政权，经由有清一朝的巩固与改善，西藏政教合一制度最终得以形成。此后，藏传佛教逐渐成为藏文化乃至藏族群众生活的全部。为了实现各自的终极价值目标，广大的藏族僧俗群众将其几乎所有的精力和资源都投入到了修行的过程中。

第三节　藏传佛教：行使国家主权的枢纽

自 13 世纪中叶纳入元朝以来，西藏便成为中国统一多民族国家领土不可分割的一部分，国家统治者通过藏传佛教在西藏行使国家主权。解放以后，虽然旧的社会制度被推翻，藏传佛教参与政治的方式也发生了根本改变，寺院不再是政治中心，但是部分僧人仍然通过各种途径参与地方和国家的政治生活。

虽然同是政教合一，旧西藏的政教合一制度与世界其他地方实行的政教合一制度有根本区别。前者缺乏独立政治实体的背景，它始终属于中国中央政府的统治范畴。这种政治权力的获得不具备神授的意味，而是遵循世俗的政治规则，仰赖中央政府的权力分配。藏传佛教成为中央政府体现国家主权和实施西藏治理的枢纽。

※ 西藏建制：元朝与萨迦派

蒙古在西藏建制的历史，始于太宗窝阔台次子阔端（公元 1206—1251 年）部下多达那波率军远征乌斯藏时的公元 1239 年。

这支军队摧毁了热振寺和杰拉康寺。此后不久，蒙古人又深入藏地，据《西藏王臣记》记载，蒙古人使“所有木门人家归降，东自工布，西至尼泊尔，南到门隅，所有坚固的堡垒都被攻破”。

在给阔端报告时，多达那波说：“在边地西藏，惟噶当巴丛林最多，达隆巴法王（达隆噶举派）最有德行，直贡巴（直贡噶举派）京俄大师具有法力，萨迦班智达学富五车，迎请何人，请示明谕。”

可见，面对西藏破碎的政治板块，借助藏传佛教加以统治是蒙古人的现实考量。蒙古统治者想通过宗教上的联系达到使西藏纷杂的割据地区全部归入自己统治之下的目的。

当时西藏的寺院僧人实以噶当派为最多，达垅、止贡等噶举教派的支系比较有实力。至于萨迦派，教主萨班在西藏卓有声望。军事势力正处巅峰的蒙古势力选择了具有声望的萨迦派。

公元 1247 年，阔端与萨迦班智达在凉州的历史性会晤，揭开了西藏历史上新的一页。萨迦班智达承认西藏是蒙古汗国的属地，劝解西藏的僧俗官员和百姓要承认自己是蒙古大汗的臣民，要履行作为蒙古属民应尽的义务。在此基础之上，西藏的世俗行政事务由蒙古大汗派人来管理，宗教和寺院僧人的事务由萨迦派的领袖人物来主持。

公元 1251 年，蒙哥汗（至公元 1259 年）即位伊始，便开展行动，两年后占领整个乌斯藏。元世祖忽必烈（至公元 1294 年）在西藏的经略最终确立了元帝国在乌斯藏、纳里速古鲁孙（阿里三围）的统治权。

伴随军事威慑和政治妥协，元政府开始在西藏括户和置驿。公元 1268 年，萨迦班智达协助元政府在乌斯藏设立十三万户，建立乌斯藏的行政体制，即乌斯藏本钦，并协助“调查各地官员姓名、部众数字、贡物之量”，以图进一步建立在西藏的统治地位。

十三个万户大抵按原来教派和地方势力范围和属民分布划分。这是蒙古人针对当时乌斯藏分裂、割据的客观形势，因地制宜地采用的一项颇有策略的政治措施。

在这一时期，蒙古人在西藏的经营策略重在笼络和利用地方势力，保持对该地区的间接统治，随着分封诸王、括户、置驿等，为进而在西藏设官分职，建立完整的行政管理制度打下了基础。

公元 1269 年朵思麻宣慰司设立，公元 1280 年乌斯藏宣慰司设立，公元 1325 年朵甘思宣慰司设立。朵思麻宣慰司管辖今青海省大部、甘肃省南部及四川省阿坝一带；朵甘思宣慰司管辖今青海玉树、四川甘孜、云南迪庆和西藏昌都及那曲东部；乌斯藏宣慰司管辖乌斯藏十三万户和阿里。

宣慰司的设立是元朝在西藏推行统一的地方行政建制的结果，是直接管理乌斯藏地区的最高地方行政机构，直属宣政院。

公元 1260 年即位后，忽必烈封八思巴为国师，令其领宣政院事，之后元朝历代皇帝皆以藏僧为国师，照例由国师领宣政院事。此时的国师不只是宗教上的领袖，而且藏族地区政治代表。八思巴受封为帝师以及吐蕃宣慰使司都元帅府的设立，标志着元征服对藏族地区统治体制的建成。在当时，元政府一方面扶植以八思巴为首的萨迦地方政权管理乌斯藏地区，另一方面又以设在河州的吐蕃宣慰司都元帅府管理整个藏族地区的军事、司法和驿站交通。

国师这一职位一直为担任萨迦派法主的昆氏家族后嗣所继任，或者由萨迦派的嫡传弟子所把持。萨迦派也由此成为元朝在西藏统治的代表，如八思巴所说："所有僧人之事俱由萨迦派掌领。"

经八思巴举荐，忽必烈任命掌管萨迦派世俗事务的释迦桑布为首任萨迦本钦，赐给印章。从此，本钦成为西藏萨迦地方政权最高行政长官。由于本钦主要由帝师举荐，皇帝任命，所以萨迦本钦多与昆氏家族有密切关系，并代表萨迦派利益。

萨迦本钦的主要职责是代表元朝中央实施对西藏的行政管理和统治，元朝在西藏推行的各项行政统治措施也是在萨迦本钦的协助下得以贯彻实施。此外，本钦还负有修订法律、传达元朝中央政令、管理西藏日常行政事务等职责。

因此，萨迦本钦不仅是西藏地方的最高行政长官，同时又是元朝在西藏派出机关的行政官员。在元中央王朝的支持下，萨迦派势力大增，寺院及势力波及到康区和安多各地。

但是，掌控乌斯藏政教大权的萨迦派倚仗元朝政府的支持，声望迅速为权力所腐蚀，佛学废弛、生活糜烂。

鉴于此，分歧远未弭平的地方势力开始挑战萨迦派的束缚，越来越越不甘心于萨迦派束缚的其他教派也起而反抗。一时间，乌斯藏地方纷争不已，十三万户各自为政，向外扩张自己的势力。

与此同时，随着元朝的衰败，萨迦昆氏家族内部也开始分裂，分裂为细脱、拉康、仁钦岗和都却四个喇让，即四支地方势力。而帕木竹巴地方势力（帕竹噶举派）乘机迅速发展。尤其是公元1324年出身于神圣的朗氏家族的绛曲坚赞（公元1302—1368年）担任万户长后，乌斯藏各地方势力纷纷归属帕竹。萨迦本钦虽纠集雅桑、蔡巴和止贡等万户欲消灭帕木竹巴，但最终以失败而告终。

公元1354年，濒临崩溃的元政府对这种新秩序予以确认，封绛曲坚赞为大司徒，命他接管乌斯藏事务，并世袭罔替。绛曲坚赞取代萨迦，以西藏山南的泽当为中心正式建立了帕木竹巴地方政权，成为西藏地区的实际统治者。绛曲坚赞规定帕竹第悉、帕竹噶举派祖寺丹萨替寺京俄（该寺座主的称呼）只能由朗氏家族的子弟充任。

明成祖朱棣（公元1360—1424年）时，封萨迦首领为大乘法王，萨迦派仅保有以日喀则达仓宗为中心的一小片领地。但是，虽然萨迦派的主导地位为噶举派所取代，但西藏被正式纳入中国主权范围的局面从此未有改变。而元朝与萨迦派间的政教关系也开创了独具特色的治藏模式，并为后来的明清两朝所借鉴和发展。

※ 多封众建：明朝与噶举派

明朝建立时，虽然元朝残余势力已退入大漠，但仍在藏族地区广泛存在。因此，明太祖朱元璋在公元 1370 年 4 月发布的诏书中称："命大将军徐达统率诸将，以定中原。不二年间，海宇清肃，虏遁沙漠。大统即正，黎庶靖安。欲先论武功以行爵赏，缘吐蕃之境未入版图，今年春夏复命徐达等率师再征，是以报功之典未及举行。"

因藏族地区未归附而推迟封赏功臣，足可见明政府对取得藏族地区归附的重视。有鉴于此，明太祖朱元璋在通过武力打击藏族地区旧元势力的同时，通过遣使诏谕藏族僧俗首领以图招抚。

公元 1369 年，徐达率军进抵甘肃，巩昌总帅汪灵真保和临挑藏族土官赵琦归附。第二年 6 月，副将邓愈攻克朵思麻宣慰司所治河州后，"故元陕西行省吐蕃宣慰使何锁南普等，以元所授金银牌印、宣敕诣左副将军邓愈军门降及镇西武靖王卜纳剌亦以吐蕃诸部来降"。在明军的威慑下，甘海一带的藏族首领和元朝官员纷纷降附。

明太祖朱元璋认为这一地区"地广民稠，不立重镇治之，何以宣布恩威"，所以要"建立武卫，俾安军民"。于是明政府于 1971 年在河州设立河州卫，委任藏族部落首领为世袭土官。

在军事征服的同时，明朝政府晓谕藏族地区，藏传佛教各教派凡归顺者，得保持元朝册封和原有待遇。

当明朝的影响逐渐逼近时，乌斯藏为十多个僧俗势力所割据。其中势力最强的两支是帕木竹巴政权和萨迦派政权。此时，虽然萨迦派势力已然衰落，但仍以原有元朝所封的各种名号自居。

支离破碎的政教板块使得乌斯藏各教派都将明政府的认可和册封当作

扩大权利的筹码。同时，明政府也将宗教势力的归附看作是正式在西藏取代元朝获得主权地位的象征。

虽然只保有日喀则部分地区，但对于明朝政府来说，仍保有元朝所封名号的萨迦派的依附极具象征性。因此，当萨迦派的前元帝师喃加巴藏卜率前元国师南哥思丹巴亦监藏等人于公元 1373 年春亲自入朝时，“帝喜”。对于加巴藏卜等人举朵甘、乌斯藏官乞授职名一事，明朝政府“置指挥使司二，曰朵甘，曰乌斯藏……南哥思丹巴亦监藏等为朵甘、乌思藏武卫诸司等官，镇抚军民，皆给诰印”。

公元 1373 年帕木竹巴政权第二任第司释迦坚赞遣使进京，向明太祖贡佛像、佛书、舍利等，标志着明政府和帕竹政权君臣关系的确立。

同元朝一样，明政府在统一藏族地区的过程中也看重藏传佛教的影响。明政府对藏族地区的行政管理也承袭元朝，推行类似宣慰使的卫所制度，按不同等级给予宗教领袖和土官各种世袭官职，使“为官者，务遵朝廷之法，抚安一方；为僧者，务敦化导之诚，率民为善”。

公元 1374 年 7 月，明政府置西安行都指挥使司于河州，升朵甘、乌斯藏二卫为行都指挥使司，归西安行都指挥使司。公元 1393 年，明政府设立西宁僧纲司、河州卫汉僧纲司、河州卫番僧纲司，专门管理佛教事务。至此，明朝在治藏的建制框架构筑完成。

对于藏传佛教，明朝统治者改变了元朝极度尊崇的态度，更加注重其社会功用，“因其习尚，用僧俗化导”。而藏传佛教各派也非常重视明朝政府颁发的册封文书并积极承担入贡和驿站维护等义务。

同时，与元朝独尊萨迦不同，明朝采取多封众建的政策，对藏传佛教各教派一律加以争取。而藏传佛教各派出于利益及各势力集团之间的竞争

关系，皆把明朝封给的官职和称号作为巩固和提高自己地位的一条重要途径，争先恐后地去争取明王朝的赐封。

因此，在明朝，法王、西天佛子、国师、禅师等各种封号名目繁多。而法王又有大宝法王、大乘法王、大慈法王、大智法王、大善法王、大通法王、大悟法王、大德法王等十几种，其他诸如国师、大国师、禅师、都纲则更多。

终明一朝，政府一直高度重视对藏族地区的治理。

据《明实录》记载，明中叶以后皇帝批阅的有关各藏族地区用兵、抚治、戍守、屯种及对失律官兵惩处的奏章及明皇的敕谕就达622条之多。明政府还通过设立驿站、贡赐贸易、茶马互市等政策，促进了藏族地区与内地的物资和人员交流，加强了藏族地区同内地的关系。

由此可见，通过藏传佛教的影响，明政府以和平方式顺利确立了其在西藏的统治地位，实施了军政合一、汉藏官员共治的模式，加强了明政府对藏族地区的管理，促进了国家的统一。通过册封和朝贡，明政府同藏传佛教各教派确立了君臣关系，国家主权得到体现。

因此，纵然蒙古部落势力在明中后期在西藏重新活跃了起来，但国家“西陲宴然，终明世无番寇之患”。

虽然并没有像元朝那样使噶举派凌驾于其他教派之上，但明政府倚重帕木竹巴地方政权实施对乌斯藏的治理。因此，特别是在明朝前期，帕竹噶举派在乌斯藏占据着绝对的主导地位。

15 世纪中叶，帕竹噶举派的统治受到下属各宗宗本的挑战，于公元 1618 年终结。明朝后期，格鲁派逐渐兴起，并最终在清朝政府的支持下迅速崛起，成为藏传佛教各教派中实力最强的一派。

※ 金瓶掣签：清朝与格鲁派

清承明治，推行“修其教不易其俗，齐其政不易其宜”的治藏策略，对明朝“所与诰敕印信……一如旧例，不易”。

在清朝崛起时，藏传佛教特别是格鲁派在蒙古各部已被广泛信奉，有着不可忽视的政治影响力。鉴于对蒙疆事务的重视，清政府推行“兴黄教，即所以安众蒙古”的政策。

在中央层面，清政府通过理藩院管理蒙藏事务。地方层面，通过册封、驻军定制和设官等措施，逐步加强了对西藏的统治。

值得注意的是，在元明交替之际，西藏政局为蒙古汗王和宗教领袖共同左右，清政府的前期治藏方略也因之而与后期阶段分明，经历了从以蒙治藏的政教分离政策到以驻藏大臣为主并会同达赖、班禅治理西藏的政教合一方略的变化。

作为藏传佛教内部的后起之秀，初期，在帕竹政权的支持下，格鲁派得以在乌斯藏地区艰难发展。

16世纪中期以后，随着帕竹政权的衰落，格鲁派的生存空间日益为噶玛噶举派压缩。特别是公元1566年创建的藏巴汗政权（在混战中崛起于日喀则的世俗贵族政权，崇信噶玛噶举派）极端仇视格鲁派，第二任藏巴汗彭措南嘉于公元1618年联合噶玛巴武力攻占了色拉寺和哲蚌寺，杀害并驱逐了反抗的格鲁派僧人。

期间，格鲁派因受到经略青海的土默特部的支持而向青海方向发展，俺答汗于公元1578年赠给第三世达赖喇嘛索朗嘉措“圣识一切瓦齐尔达喇达赖喇嘛”称号，这正是达赖喇嘛称号的来源。

公元1632年，信奉噶玛噶举派的喀尔喀部却图汗进占青海，隔绝了格鲁派同土默特部间的联系。却图汗与第三任藏巴汗丹迥旺布建立联盟，联合打击格鲁派及其支持者。

鉴于此，四世班禅洛桑确吉坚赞于公元1634年遣使邀请硕特部固始汗入藏护法。固始汗于公元1636年攻杀却图汗，公元1642年挥兵入藏消灭藏巴汗政权，消除了威胁格鲁派的政治军事力量。

固始汗也因此在公元1638年会见五世达赖和四世班禅时获得了“丹津却吉甲波”（佛教护教法王）的称号。

在成为实际统治西藏的汗王后，固始汗下令以政府赋税供养格鲁派，并将行政事务委付达赖亲信索南群培管理，形成由和硕特汗王与达赖喇嘛共同领导的第巴政权，是甘丹颇章政权的雏形。格鲁派的发展由于得到和硕特部的支持而迅速崛起。

在西藏的这种政教格局下，加之这一时期满人统治合法性面临三藩和部分汉族士大夫的挑战，清政府在西藏采取承认现状的治藏方略，对五世达赖和固始汗同时分封，实施政教分离的治藏政策。

顺治十年（公元1653年）五月，清政府册封至京朝贡的达赖喇嘛为“西天大善自在佛所领天下释教普通瓦赤喇怛喇达赖喇嘛”，同时也册封固始汗为“遵行文义敏慧固始汗”。

清朝的这一政策是在西藏当时的政教格局基础上做出的，在维护现状的基础上确立了对西藏的主权关系，也使达赖喇嘛的政治和宗教地位进一步得以提升。随着公元1713年五世班禅洛桑益西获封为“班禅额尔德尼”，班禅喇嘛的宗教和政治地位也得到清朝政府的确认，逐渐形成了达赖掌管拉萨、山南地区班禅管理日喀则地区的格局。

在后弘期的大部分时期，西藏的政教局势大多为地方豪强以控制宗教的方式实现的家族式政教合一。在蒙部统治西藏时期，诸汗王也以控制噶举和格鲁派大活佛的形式扩张势力。

这一现象得以产生的重要原因就是不规范的活佛转世制度，活佛转世灵童的认定过多取决于护法喇嘛的个人意志，为政权同教权间的联姻创造了条件。活佛转世也因此成为西藏僧俗势力争权夺利的工具，这在六世达赖的认定问题上表现得尤为突出。

在固始汗时期，和硕特部对政权的掌控没有给达赖喇嘛提供实际参与政权的条件。但是，当固始汗于公元1655年去世并引发内讧时，五世达赖权势渐大，与和硕特部间的矛盾日益尖锐。

在五世达赖于公元1682年圆寂后，桑结嘉措秘不发丧，以达赖喇嘛的名义继续掌管政权达15年之久。

康熙得悉后震怒并斥责桑结嘉措“欲专国事”。此种情形下，年已14岁的仓央嘉措于公元1697年被仓促选定为六世达赖喇嘛。

公元 1703 年，固始汗之孙拉藏汗继承汗位后对桑结嘉措操纵达赖转世不满，双方关系日趋恶化。公元 1705 年，拉藏汗打败桑结嘉措后将其处死，仓央嘉措也在被康熙帝废黜后圆寂于解送北京的路上。

公元 1707 年，拉藏汗另立益西嘉措为六世达赖喇嘛的行为又引发了新一轮的冲突。格鲁派及青海蒙古诸部承认仓央嘉措为六世达赖喇嘛，并于公元 1710 年另立格桑嘉措为七世达赖喇嘛。

西藏局势的持续动荡为正被清军围剿的新疆准噶尔部提供了发兵的机会。公元 1717 年，策妄阿拉布坦出兵拉萨击杀拉藏汗，结束了和硕特部在西藏七十余年的统治。

针对这一局势，清朝于公元 1718 发兵西藏，并于公元 1720 年打败并驱逐准噶尔部。至此，蒙古诸部对西藏的占领和统治随之结束，西藏的行政事务暂时由进藏清军将领代管。由是开启了清朝治理西藏的第二个阶段，即是随着驻军而来的定制和设官。

公元 1721 年，清政府订立噶伦制度，噶伦由三俗一僧组成，由首席噶伦统摄。但噶伦之间不断的内讧直接导致了驻藏大臣的设置。

从公元 1727 年设立驻藏大臣“总理西藏事务”到公元 1728 年设置“驻藏办事大臣衙门”，清政府派遣大臣驻藏办事成为制度，加强了对西藏事务的管理。驻藏大臣的政治地位高于达赖喇嘛和首席噶伦，“有驻藏大臣经常镇守，于宗教有掣签坐床之监临，财政则有稽查，官员则由其进退，一切均有条不紊……每当其千钧一发之际，恒赖驻藏大臣维持藏中政权，镇理一切。”

随着驻藏大臣的设置，清政府治理西藏的制度建设也提上了议事日程。公元 1751 年，清政府颁行的《酌定西藏善后章程》十三条对西藏的治理体制做了较大改革，赋予达赖喇嘛掌管西藏政务的权力，建立了在驻藏大臣统摄下政教合一的噶厦政府。

公元 1793 年，清政府颁布了《钦定藏内善后章程》二十九条，在进一步肯定达赖权力的同时强化了驻藏大臣的权威。

根据《钦定藏内善后章程》，驻藏大臣拥有行政权、人事权、军权、司法权、外事权和财政权，享有向皇帝直接上奏表章的权力。达赖、班禅及全藏一切请旨陈禀及西藏地方应办事宜，皆须经驻藏大臣转奏皇帝裁决，特别是在涉外事务方面。

同时，鉴于六世达赖所引发的活佛转世问题，《酌定西藏善后章程》第一条就确立了金瓶掣签制度，对活佛转世制度加以规范。此后活佛转世灵童的寻访和认定都必须报经中央政府批准。

金瓶掣签制度将活佛转世权力集中到了中央，进一步明确了西藏地方与清朝中央政府的从属关系。同时，金瓶掣签制度还避免了世俗贵族同宗教间的联姻而导致的混乱格局，这也是格鲁派此后得以长足发展的重要原因。加之七世达赖喇嘛圆寂后摄政制度的实施，西藏政教合一体制得以完善，家族式政教合一制度正式终结。

可见，《钦定藏内善后章程》标志清朝西藏政策最终完善，其所确立的制度成为西藏的根本治理制度。

此外，军事存在也是清朝西藏政策的重要内容，清军不仅维护了藏族地区的稳定，更在反抗外敌入侵方面发挥了重要作用。

清朝的军事存在主要体现在驻军和反击廓尔喀的入侵方面。清朝在西藏派驻官兵始于公元 1721 年，当时有 4000 名清军驻守西藏，其中 3000 名驻守拉萨，其余分驻理塘、察木多等地。

在福康安于公元 1792 年击败入侵日喀则的尼泊尔廓尔喀侵略军后，

清政府驻军随之深入到日喀则地区。清政府的驻军和对入侵者的反击不仅维护了西藏的社会稳定和领土完整，更是清朝对西藏拥有主权的声明。

可见，由于政权的合法性受到各方面挑战，清朝前期的治藏方略以羁縻为主，主要通过对现状的承认实现对西藏的治理。

随着政权的稳固和对分裂势力的逐一剪除，清政府便着手西藏治理制度化建设。在这一过程中，清政府对格鲁派的地位予以认可，对利用达赖和班禅的社会影响力治理西藏事务加以规范，同时通过驻藏大臣的权威地位和军事存在统摄全局。

格鲁派因此得以确立了一家独大的地位，一改以往纷繁的教派格局。清朝有效的治藏政策不仅确立了其在西藏的主权地位，而且加强了西藏同内地的经济和文化联系，使统一的多民族国家进一步巩固。

※ 蒙藏委员会：民国时期的治藏政策

1912 年 1 月 1 日，孙中山在《临时大总统宣言书》中阐述了新时期的民族政策，认为应“合汉、满、蒙、回、藏诸地为一国，则合汉、满、蒙、回、藏诸族为一人，是曰民族之统一”。

虽然民国时期群雄割据、内政分裂，但五族共和思想一直是这一时期民族政策的指导思想。面对帝国主义国家日益严峻的威胁，在内外交困的局势下，为了维护领土统一和国家主权，北洋和民国时期的历届政府都对西藏的治理极为重视。

袁世凯认为蒙、藏、回疆等为中华民国领土，蒙、藏、回等少数民族同为中华民国国民，不能如帝政时代再有藩属名称。

由此，北洋政府于 1912 年 4 月废除“理藩院”代之以“蒙藏工作处”，隶属内务部；同年 7 月又以“蒙藏事务局”取代“蒙藏工作处”，隶属国务院；1914 年 5 月改“蒙藏事务局”为“蒙藏院”，直属总统府的。南京国民政府成立后，于 1929 年 2 月设立“蒙藏委员会”，隶属于行政院。可见，民国时期的涉藏管理机构的行政级别总体来讲一直呈上升态势，体现出充分的重视程度。

就民国时期的治藏原则，国民政府外交部于 1944 年 12 月拟定的《关于拟调整藏务之意见》较有代表性，即中国享有西藏完整的主权，中央政府拥有包括内政、外交、驻军和维持秩序之责任，西藏天然界址不能更动。同时，根据 1945 年 9 月的《战后蒙藏政治设施方案》，具体治藏措施是在宪法框架下的政教分离和高度自治，中央政府设置的办事机构拥有包括外交权在内的国家权力。

鉴于此，蒙藏委员会制定了一系列的制度，如《管理喇嘛寺庙条例》和《喇嘛转世办法》。其中 1938 年 9 月 24 日颁布的《喇嘛转世办法》再次明确了中央政府活佛转世的最终决定权及实施细则。

辛亥革命后，驻藏清军的哗变引起混乱，在英帝国主义者的支持下，西藏极少数上层分裂势力在 1912 年策划了驱汉事件，藏军也开始同四川和青海军阀发生冲突。而十三世达赖在 1913 年的新年文告中将历史上西藏地方与中央政府的关系说成是“供施”关系。

但此时，中央政府对边疆主权的维护能力受到限制，边疆危机不断在西藏肆虐。如孙中山所说，“当此国势颓危，日人驻兵于南满，俄人驻兵于蒙古，英人驻兵于西藏，法人驻兵于滇、黔，思为瓜分。”

十三世达赖喇嘛于 1933 年 12 月 17 日圆寂后，西藏的分离倾向在热振活佛担任摄政时期（1934—1941 年）有所缓解。当热振活佛于 1941 年 1

月被迫辞职后，继任的达札活佛在英国的支持下再度掀起分裂活动，企图乘内地陷入抗日战争之机在帝国主义者的支持下实现独立。这突出表现在噶厦于 1942 年 7 月成立“外交局”的事件中。噶厦要求此后中央政府必须通过“外交局”与之发生联系。

蒙藏委员会认为西藏地方涉足外交“是视中央为外国，示西藏为独立国”的态度，拒绝同之发生关系。国民政府明确表态：“中央与西藏一切往和接洽方式，仍应照旧，不得经由上述外务机构……中央与西藏间一切接洽，如藏方须经由上述外务机构，即令蒙藏委员会驻藏办事处暂停对藏一切接洽……”

在民国时期，西藏地方政府之所以明目张胆地开展分离主义活动，固然有中国正进行抗日战争无暇他顾的因素存在，但英帝国主义者的因素似乎更为重要。这一时期，英国从承认中国对西藏拥有“宗主权”的政策上更加后退一步，或明或暗地支持西藏独立倾向。

如同锡金政治专员古德于 1944 年 8 月对达扎所说的那样：“我的政府真诚地希望西藏自治，包括西藏与印度直接交往的权利应当受到保护。你们可以充分相信，我的政府将准备尽自己的最大努力通过外交途径帮助西藏达到这一目的。”同时，逐渐摆脱孤立主义倾向的美国也逐渐加入进来。“西藏问题”开始向国际化方向演变。

西藏地方政府在帝国主义国家的支持下所进行的分裂主义活动为抗战中的中国增添了新一层的挑战，为中央政府所高度关注。

但是，鉴于当时的国内外局势，民国政府通过采取灵活的羁縻政策体现国家主权。这一时期，中央政府的治藏政策略显内政外交化的迹象。如同蒋介石所说，“边疆问题实到处牵涉外交问题……谈新疆西藏不离对英俄之外交……故中国之边疆各方面皆有问题。”

这一现象在国民政府派员前往拉萨致寂十三世达赖喇嘛并主持十四世达赖喇嘛坐床典礼过程中表现得尤为明显。

1936年秋，根据热振在拉姆拉措看到的“神谕”，三支队伍分别到安多、工布和西康三个方向寻访灵童。至1938年，青海煌中祁家川的拉木登珠被认定为最有可能是十三世达赖喇嘛的转世灵童。

9月23日，通过西藏驻京办事处，热振向蒙藏委员会转达了将拉木登珠送至拉萨参加掣签典礼的请求，“举行掣签典礼之际，为昭大信，悦暇迩计，中央应当派员参加”。

鉴于此，国民政府于12月28日宣布“特派蒙藏委员会委员长吴忠信会同热振呼图克图，主持十四世达赖喇嘛转世事宜”。此行的任务“尤其重要，政府在可能范围之内为之解除困难，予以便利，同时晓以五族一家及国家至上之大义”。

行政院在批复中强调，“西藏为我国领土，屏藩西陲，关系至巨……唯有关主权之事，亦未便曲为迁就……使其知我中央一秉大公，无偏无党，对于边区人民一视同仁，不分畛域”。

根据行政院确定的入藏方针，除了主持坐床大典外，吴忠信此行的主要目的为同西藏地方政府协商西藏治理模式、西藏与西藏边界问题、西藏地方政府的权限以及在拉萨设置办事处等问题。

但是，吴忠信一行还未出发就遇到英国的掣肘。民国时期使团多假道印度入藏，但英国外交部对中国驻英大使郭泰祺提出的假道印度入藏一事，要求通过西藏地方政府和印度政府的同意。英国政府此举显然是想迫使国民政府承认西藏的外交权。

吴忠信不得不通过陆路进藏。抵达拉萨后不久，英国驻锡金政治官员古德也于 1940 年 2 月 5 日抵达拉萨，名义上是参加十四世达赖喇嘛坐床典礼，实际上是来挑拨汉藏关系。

古德甫到拉萨便威吓噶厦不得让吴忠信一行留在拉萨。但是，在吴忠信的坚持和说服下，古德一行不仅没有达到挑拨矛盾的目的，甚至连十四世达赖喇嘛的坐床典礼都没有参加。

在于 1940 年 1 月 15 日抵达拉萨后，吴忠信通过广泛的布施和联谊联络感情、安抚藏族人民。同时，根据《喇嘛转世办法》，吴忠信对热振于 1939 年 12 月 17 日灵童免于掣签的函呈予以交涉，最终在亲自查看拉木登珠灵异与否的前提下提请中央免于掣签。

国民政府于 1940 年 2 月 5 日明令公布了免予掣签的命令，灵童拉木

登珠继任为第十四世达赖喇嘛。2 月 22 日，第十四世达赖喇嘛坐床典礼在布达拉宫顺利举行，黄慕松代表国民政府追赠十三世达赖喇嘛“护国宏化普慈圆觉大师”封号。

通过在西藏地位问题以及“康藏冲突”等问题上的据理力争，黄慕松同噶厦在西藏地位及在拉萨设置常态化的驻藏机构等问题上达成了一致：“对外西藏为中国之领土……西藏之内外大小权力暨法规等，无违害政教者，可以依从中国政府之谕”。

1940 年 4 月 1 日，蒙藏委员会驻藏办事机构在拉萨成立，行署参议刘朴忱、蒋致余得以留驻西藏。

此外，国民政府还在摄政的更替、1940—1941 年的九世班禅喇嘛转世灵童寻访、1930 年藏尼（泊尔）间因税务问题而引发的纠纷的调节以及就废除英国在藏不平等条约同英国和印度间的正式和非正式接洽等问题上维护了国家领土的统一，体现了国家的主权。

可见，在面临国内外形势极为不利的情况下，国民政府仍然对西藏的主权问题极为重视。虽然这一时期西藏表现出了分离主义倾向，且中央政府在内外交困中始终未对西藏建立起较为稳固的统治关系，但西藏并未实现实质性的分离目标。通过军事、文化、政治和经济等范畴的努力，国民政府成功地在西藏地方展现了国家的主权地位。

在民国时期，虽然西藏极少数上层贵族和僧侣在一定程度上表现出分离主义倾向，但经过长达九百多年的融合交流，广大藏胞仍然心向中央，为国家的领土完整尽自己的努力。

九世班禅于 1913 年 3 月 25 日致蒙藏事务局电报中称：“我班久仰中朝，实沾德惠，凡在我属汉边官军民等，无不力加保护，借响筹食，无微不至……贵大总新创民国，自应以保全属土为重，惮向中原者，皆得所荫护。”即便是十三世达赖喇嘛，在充分认清了英帝国主义者的真实面目后，也开始转变态度。

1919年，十三世达赖喇嘛对奉北洋政府令入藏联络的甘肃代表朱绣表示：“余誓倾心内向，同谋五族幸福。至西姆拉会议草案，亦可修改。”事实上，就西姆拉会议炮制《西姆拉条约》一事，十三世达赖喇嘛已经觉察到英国对西藏的觊觎。

因此，在痛斥西藏代表夏扎越权的同时，十三世达赖喇嘛开始逐渐背离英国人的指导，开始内向转变。在南京国民政府成立时，十三世达赖喇嘛在给蒋介石的亲笔信上承诺“不亲英人，不背中央”。

在20世纪20年代施行新政期间，英国人出于控制西藏目的而挑拨的内部冲突更是加深了十三世达赖喇嘛对英帝国主义者的警惕，加之英印殖民地对西藏土地的蚕食，十三世达赖喇嘛开始倾向中央。

在于1930年会见国民政府代表刘曼卿时，达赖称“英人对吾确有诱惑之念，但吾知主权不可失……都是中国领土，何分尔我”。西藏驻南京办事处随之于1931年成立并开始出席国民大会，西藏同中央的联系增强。因此，当十三世达赖得知一·二八事变爆发时，立刻命令西藏各大寺数万喇嘛为胜利祈祷，诅咒日本侵略者。

九世班禅喇嘛离开西藏后，在内蒙古、北京、甘肃和青海等地区宣扬爱国抗战思想，直至于1937年12月1日圆寂。

1931年5月5日，班禅喇嘛在国民会议上分析时局时称：“班禅篙目边情，倾诚内款，思启政府之远图，迅拯藏民于涂炭，南北驰驱，心力交瘁……巩国家主权领土之基，重张上国之声威，勿弃西方之宝藏……”

鉴于此，1932年4月14日，国民政府任命班禅为西陲宣化使，令其前往信仰藏传佛教的蒙藏地区宣讲抗日救国的主张，起了维系各民族团结抗日的作用。

因此，“九·一八国难后，日本用种种办法，勾煽其间，而内蒙古官民，屹然不为所动者，大师宣化之力也。”

同时，热振活佛和西藏驻京总代表贡觉仲尼也是藏族爱国抗战的代表。热振在抗战时期曾在三大寺举行了三次大规模的祈祷活动——“诅倭寇立灭之咒，继续忏诵得最后之胜利”。因之“诩赞中央、抚绥地方”之功绩，国民政府授予他“辅化禅师”称号。

此外，西藏广大藏传佛教界也充分展示了其倾向统一、抗击日寇的决心。1938年，哲蚌寺代表拉萨三大寺在致国民政府的公呈中写道：“我等三寺自内地帝制时代，以至于宣统季年，对国家常诵经祈祷……我等三寺因顾全国家威信，在许多年中曾经维持当地事变不遗余力，并且切盼国家有适当之法规，早日实现于此间，俾民众有所遵循，已历一生之久。”

同时，在抗战过程中，广大藏族同胞组织抗日团体，不但进行抗日宣传，还出财出物出力，直接到国共双方的抗日武装中流血杀敌。

总之，在民国时期，鉴于国家内政的分裂和外敌的入侵以及帝国主义国家的渗透，中央政府对西藏的统治较为薄弱。也正在这一时期，在西藏上层僧俗贵族中出现了一些明目张胆的分离主义倾向。

对此，内外交困的历届民国政府在维护国家领土完整和主权统一的前提下竭力维持对西藏的统治。但是，在内政分裂、列强环伺的格局下，民国政府对西藏采取了宽松的羁縻政策，最大程度地保持了西藏的向心力并有效遏制了帝国主义国家的渗透。

同时，广大藏族同胞的倾心内向也很大程度上限制了极少数上层贵族势力的分离主义倾向。可见，在这一时期，中华民族认同感和五族共和思想已深入人心，体现出强大的凝聚力。广大藏族同胞不仅维系了国家的统一，而且充分体现了中华民族的强大凝聚力。

第四节　心灵寄托

自元朝建制以来，藏传佛教长期作为国家主权的体现，凭借中央政府赋予的合法性在西藏的政教事务中扮演重要角色，体现出强大的爱国热情和民族凝聚力。藏传佛教在这一过程中得以发展和完善，中华文明也更加绚烂多姿。

西藏民主改革后，中华人民共和国政府一直坚持政教分离的原则，积极引导藏传佛教与社会主义社会相适应。随着改革开放以来我国宗教事务管理工作法制化进程的推进，藏传佛教的社会规范和文化传承功能日渐凸显，成为维护藏族地区稳定的一个关键性因素。

现如今，藏传佛教的寺庙经济和教育越来越多地被纳入法制规范，藏传佛教界也通过其社会影响力以各种方式参政议政。

同世界其他大多数宗教一样，在现代技术的推动下和信教群众逐步理性化的基础上，藏传佛教日益呈现出世俗化的倾向，主要表现在以下几个方面：宗教的神圣性有所降低，而社会化倾向大为增强；宗教组织的经济功能逐步扩大，而教义教规有所变通；各教派的宗教活动形式相对简化，次数减少、时间缩短，大型的、跨地区的宗教活动越来越少，而商业气息愈发浓厚；宗教场所的教育功能弱化而经济（主要是旅游）功能增强；鉴于传统政治统治和经济功能让位于精神世界的终极关怀，藏传佛教各教派间的隔阂、对立格局大为缓解，相互间的包容和融合趋势加强。

作为一种历史文化现象，鉴于它的道德规范和情感寄托等社会功能，藏传佛教拥有大量信众，有着极强的生命力和影响力。目前，我国共有藏传佛教信众约600万。除了几乎全民信教的藏、门巴、珞巴和裕固等民族外，还有蒙、羌、土、怒、纳西、摩梭、普米、锡伯等民族普遍信仰藏传佛教。与此同时，包括汉族在内的其他民族对极具民族、地域特色的藏传佛教的热情也不可忽视。

就地域分布来讲，藏传佛教主要分布于藏、蒙两个民族自治区及川、青、甘、滇藏族地区。此外，新疆部分地区及山西五台、北京和河北承德也有藏传佛教寺庙的存在和对藏传佛教一定程度的信仰。

同时，鉴于藏传佛教与南亚，特别是“印度”间的历史文化渊源以及西藏地方与南亚地区间的地缘关系，藏传佛教一直以来就在宗教和文化范畴，与南亚各国有着密切的联系和互动。这种联系和互动主要表现在两个方面，一方面就是在藏传佛教的发展过程中对南亚地区佛教文化的学习和借鉴，另一方面就是藏传佛教反过来对南亚地区的影响。藏传佛教在不丹、锡金以及拉达克和大吉岭等国家和地区占有着主导性的地位，在尼泊尔也有着不可忽视的影响力。

现如今，藏传佛教已经突破了青藏高原的地域限制，成为一个在区域乃至世界范围内都有一定影响力的教派，成为后现代社会多元文化的一个重要代表，同雪域高原的雄奇山水一样，成为被物质主义困扰着的人们的心灵寄托和精神消费。

第四章　社会文化：修行

第一节　吞弥·桑布扎：藏文

※ 吞弥·桑布扎：藏文

公元七世纪，盛世唐朝时，吐蕃兴旺，与周边往来频繁，关系密切。

六月的高原，云淡风轻，草长羊肥。第二十七代赞普松赞干布却踱步布达拉宫金顶，年轻的面孔愁云密布。南面印度和其他临近地方进献的无价之宝都有本地文字书写的礼单，而吐蕃却未统一规范文字。如何用统一规范文字，料理政务，造福百姓，交流周边，这个问题一直困扰着这位慈悲的赞普。

经历了种种失败后，这次赞普决定由吐蕃七大贤臣之一的吞弥·桑布扎率强将赴天竺考察学习，创制文字。

吞弥·桑布扎是逻些（今拉萨）旁边尼木县吞巴乡吞巴村人。吞巴村静静地依傍在雪山脚下，清澈的雪山融水汇成的条条小溪从村中穿过。水草丰美，风景如画，养育出聪明智慧的吞弥·桑布扎。

临行当天，松赞干布在群臣的簇拥下，来到布达拉宫的无量宝殿中，他坐在金宝座上，对前来向他辞行的吞弥·桑布扎说："我的爱卿，此行责任重、困难多，一定要保重啊！"

接令后，吞弥·桑布扎即刻整理藏袍，备足糌粑酥油，率强将跨马扬鞭，披星戴月、顶风冒雪翻过喜马拉雅山，来到了尼泊尔王国。吞弥·桑布扎把赞普赠给尼泊尔王的礼物呈上，尼泊尔王十分高兴，设宴款待他们一行，并送给他冰片、竹黄、檀香液等解暑清凉的药物。他向尼泊尔王表示谢意后，就策马扬鞭率众出发了。

春夏秋冬，饥寒交迫，几位同行大臣积劳成疾，病逝中途。终于，吞弥·桑布扎带着残兵病将穿风越雨越过恒河平原，抵达古国印度，开始了艰辛的学字生涯。拜师学习婆罗门语言，请教大学者天智森格学习大小五明和大乘佛教经典，拜读佛教大乘经典，桑布扎勤学苦读，积累点滴。

异国他乡，抛妻弃子，六年学习终于画上完美句号。吞弥·桑布扎一路上克服重重艰险，从天竺返回这片他魂牵梦绕的青藏高原。松赞干布、文武忠臣，为他献上了最圣洁的哈达。

吞弥·桑布扎顾不得久别重逢的家人，紧锣密鼓，立即投入文字的浩海。他以象雄文为基础，参照梵文创制现行的藏文。

当吞弥·桑布扎和众大臣挑灯夜战，潜心文字时，我们回首看看象雄文吧。

据《西藏远古历史》《藏史纲要》《苯教史》等藏文古老书籍中记载，公元前1917年本教创始人辛饶弥沃诞生。这个极富传奇色彩的先知将藏族本教的天文、历算、医学等文化推向了辉煌，他创制了最初的象雄文。这种文字以达斯文体的书法形式出现在寺庙和经书上。达斯文体分大达斯文体和小达斯文体，从近年来在藏族地区各地相继出土的众多典籍史册上推算，这一文体至今已有3900多年历史。后来，辛饶弥沃弟子拉噶又创制了最初纯属为本教服务的玛尔藏文体。相比起达斯文体，因其书体种类简单明了、语言表达能力丰富，慢慢成了象雄邦的区域性文体。玛尔文体也分大玛尔文体和小玛尔文体。今天我们仍然能够在藏族地区的一些本教寺庙里见到用这种文字写就的经书。

大约公元前2世纪，吐蕃第一代赞普聂赤赞普统一了吐蕃12个小邦和40个分散的部落，在此基础上建立了赞普统治政权。从此，原属象雄邦区域性文字的玛尔文体也渐渐成为赞普政权政教领域通用的文体。应该说，象雄玛尔文体的广泛使用及推广为建立赞普政权、传播本教文化、发展吐蕃社会起到了积极的作用。赞普政权建立后，有效地促进了吐蕃社会的政治、经济、宗教以及军事等方面的发展。当吐蕃社会发展到较高阶段的时候，象雄玛尔文体已不能适应社会发展的需要了。

此刻，吞弥·桑布扎已经和众大臣呕心沥血了数载，规范了文字，完成著作《声明学》《藏文语法三十颂》《字音强弱论》等八部典籍。松赞干布下令全国学习藏文，并身先士卒，在布达拉宫随跟吞弥·桑布扎学习文字，足不出宫达四年之久。在赞普的带动下，吐蕃上下臣民百姓学习文字蔚然成风。借助规范文字，佛法在吐蕃广为传播，政教合一的体制得以延续，创造了吐蕃上千年的灿烂文明。

※ 书法

吞弥·桑布扎从天竺归来，顾不得拍打自己身上喜马拉雅山的尘土，就带领众人投身到浩瀚如烟的文字里。

墨水瓶“纳本”、竹笔“纽古”、用狼毒草制成的藏纸，还有用于竹笔取墨的“笔至”，文房四宝准备就绪，吞弥·桑布扎气运丹田，笔落花开。字体丰腴雄浑、恣肆飘逸，粗细有变化，空间有转折，深浅与收放，流畅与涩滞，运用之妙，全在一心。象雄文与梵文碰撞交融，从此，藏文以一种较为成熟的形态出现。同时在象雄文的玛尔文体基础上，他还确定了乌金体（楷书）和乌梅体（行书）两种书体。

藏文书法，离不开吞弥·桑布扎，更离不开藏传佛教。确定字体不久，吞弥·桑布扎对乌金体和乌梅体进行再改进。

赤松德赞时期，桑耶寺大兴土木。寺内，桑烟袅袅，经声绕耳。译师译场和印度语文译场忙碌有序，分工明确。译师们盘腿相向而坐，第一人高声诵读经文，第二人口译成藏语，第三人坐位最高，是一位年纪较大的高僧，负责订正译语，然后由一个青年喇嘛用竹笔书写在长条纸上。当这些浩翰的佛教典籍以藏文字的形态呈现于书法艺术殿堂之前时，佛教与书法之间才有了桥梁。以写经为契机的“经体书法”具有鲜明的时代特征和浓郁的宗教色彩，独树一帜。

当然，最明显最直接的是藏译佛典给书法的表现对象开拓了广袤的绿洲，从而对书体的演变、书艺的繁荣起到了很大的促进作用。

为适应佛经译写的需要，赤松德赞时期还曾出现了独特的密文体、伏藏体、幻妙体等专用于书写密宗佛经或用于伏藏的书体。至后弘期，还产生出专门用来书写经卷的白组体（属乌梅体，即行书，又称无头字）。另外，因刻板经书的需要，乌坚体（即楷体，又称有头字）、中琼体、尼体及康区体也陆续出现，尤其是被称为最精美的琼体，成为书写《藏文大藏经》等的最主要、最庄重佛经的书体。

佛教要在藏族地区更为广泛地传播，单靠佛经的译写是远远不够的。为了广宣佛教并能使佛典永存人世，出现了石刻佛经或与佛教有关的钟铭。这些金石佛教文字在藏文书法史上占有不可忽视的地位。在青藏高原，我们随处可以看到随佛教传入吐蕃而逐渐得以传播的藏文六字箴言（om ma ni bet me hum“唵嘛呢叭咪哞”）被广泛地写刻于各载体上。有藏族学者指出：“若将六字箴言写于珍宝、布、纸、树皮或石头之上，此亦即等同于书写八万四千法蕴，并将得享终生安乐，终身可得佛果。”“六字箴言乃金刚之声，若反复重述此六字，则其福德不可估量。”可见，因六字明咒简明易于诵读，且易写易刻，能获得无量功德，所以表现方式也多种多样。写在经幡上的经咒等姑且不论，仅石刻经咒就足以让人叹为观止了。

金石经文不仅气势磅礴，而且体法上古拙刚毅，既显示出了佛教的博大精深和空灵意境，又与周围环境水乳交融。环境衬托了佛境，佛境映照了环境，二者相协相调的关系又促使了藏文书法美的完整体现。这持续不断地铸刻佛经之风，给后世留下了极为丰富精湛的“金石书法”。

至藏文创制以来，就十分注重书法艺术。仅在吐蕃时期就产生了八大乌金体，即列传体、蟾蜍体、稞体、雄鸡体、串珠体、鱼跃体、蜣螂体和雄狮体。乌金体又衍生了黎体和丹体。后来，丹体成为了规范书体，流传至今。吐蕃时期还产生了伏藏体、密文体、幻妙体等许多书体。前弘期初，著名高僧兼学者琼布犹赤对乌金体进行了规范，规定了每个笔画的起止位置、长度、走向和粗细等。后弘期，乌金体有了前所未有的发展，出现了徂同体、徂仁体、白徂体、朱匝体等许多优美的书体。十七世纪中叶，噶丹颇章地方政权政体已较为完善，其行文更加规范，不仅在内容格式上加以严格规定，还从书体、书写技艺上对上行文、平行文、下行文、民间书信等作了严格的规定，大大促进了各种书体的书法艺术发展。

摊开藏文书本，形态各异的字体跃然于纸上，每一个字不仅仅是时间的载体，也是时间在空间的具象。各种优美庄严的书体浸透在藏民族久远血液之中，亘古温润，延绵流畅。一根竹笔，一张藏纸，指腕之间、布道之时，藏文书法者在笔墨纸砚的世界里找到的是柔软心灵的安顿之处。

第二节　汤东杰布：铁索桥和藏戏

650 多年前，在日喀则仁钦顶苇瓦（现西藏日喀则市昂仁和拉孜县境内），在这个世世代代出法王的圣地，美丽的加嘎拉姆正怀着她和丈夫机哲龙巴·多吉坚赞的第三个孩子。相传和前两次的怀孕不同，加嘎拉姆自从有了这个孩子，她身边总是有很多吉兆，而且经常梦到一些神人给她送宝物，不明缘由的她就去贡棒寺请来了坚赞多吉喇嘛。坚赞喇嘛听完她的梦境后，非常神秘地说："神奇啊！神奇！莲花佛早就预言过，说苇瓦地方要出生一位圣人，他是莲花佛的转世。说不定你现在孕育的正是那位圣人呢！你要多保重身体才是。"

金光普照，祥云团簇，"哇"的一声婴儿啼哭打破了苇瓦的宁静。加嘎拉姆一家所有人都在忙忙碌碌、进进出出。这个不同寻常的孩子终于降世了。为了给他取个吉祥的名字，加嘎拉姆夫妇特意请来了贡棒·屯益坚赞活佛，并把怀孕期间做的梦都告诉给了活佛。活佛说："昨晚我也做了个梦，梦中有人告诉我，为救众生，莲花佛会降生到凡间。我看这孩子来历不凡，将来一定会成为谋福众生的人。就给他取名叫赤乌班登吧。"

赤乌班登瞪大了眼睛，看着父母和活佛，似乎很喜欢这个名字。谁也不知道这个小家伙长大后所成就的事业会让他世世代代享有藏民族的尊敬和爱戴，当然他有个更为人熟知的尊号——汤东杰布（旷野之王）。

直到现在，坊间还在传唱：

"广阔无边的大地上，

证悟空行的瑜伽师，

如无畏王一般生活，

因此取名汤东杰布……"

汤东杰布从小天资聪颖、异于常人，五岁放羊时，就到高僧大德的经堂里接受灌顶、教诫，随后他又在寺庙里顺利掌握了读写知识。在少年时，他出门做生意，用父亲积攒多年的白牛尾巴和麝香换回了 7 条人命……

在那个"学而优则僧"的年代里，在征求和尊重他本人意见后，家里送他到强定寺出家，拜尼玛桑嘎活佛为师，得法名尊珠桑格，所属噶举派中的香巴噶举。

※ 铁索桥

出家后的汤东杰布师从多位名师，认真学习佛法，并在萨迦寺取得四书格西（佛教学位）。然而当他发觉他的僧俗学友们对自己所学的教言光用漂亮的词句挂在嘴边上，死抠字眼钻牛角尖，就知道玩文字游戏，却领悟不到真正要义后，他便下定决心要将所学教言心领神会，并付诸实际，为众生行善业，做到八风不动、八法味一的斋戒（对利、衰、毁、誉、称、讥、苦、乐等世间八风同等看待），坚定不移、百折不挠。

悟到这一层的汤东杰布其实只差一个机遇就能够找到为之奋斗一生的事业，而这个机遇，就这么偶然而又必然地来了。

有一天，汤东杰布从蔡公堂返回拉萨，在渡口渡河时，他不声不响地上了牛皮船，坐到了渡船里。这可把船夫气坏了，他刻薄地对另一个船夫骂道："为什么不问我就让他坐到船里？现在还好没有上等人用船，如果有贵人用船又或者是船上的上等人掉进水里，你负得了责任吗？你赔得起吗？"说完还用船桨在那个人的头上打了三下，船桨都掉到水里了。汤东杰布把这一切都看在眼里，对广大贫苦大众心生无限怜悯和感慨。他于是毅然决定把有限的生命（传说他活到了 125 岁）投入到无限的为人民改善生活、修路架桥的伟大事业中去，并且还要建造最为坚固耐用的铁桥！

建造铁桥首先要解决资金原料的难题，为此，汤东杰布替人作法事、行医治病时索要的不是酬金而是铁和木炭，游说有钱的施主积累功德不是供奉给寺庙而是捐资修桥。除此之外他还亲自开矿冶炼。据说，当时西藏只有小河上有一些木桥，且不耐用，汤东杰布在工布定则考察矿山时从一个十八岁的空行母（仙女）模样的姑娘送来拴狗的小铁链获得启示，准备在水流湍急的大江之上建造铁索桥，造福于人民。宏伟的目标有了，实现的途径就在眼前，说干就干，汤东杰布率领他从乌斯藏等地收的弟子和降服的各种牛鬼蛇神在墨莫岗修建了可容纳 2000 人的宿舍和经堂，并且努力开采铁矿。据传他老人家还趁开采铁矿的闲暇教化了珞巴人，“让这个从前教徒足迹未至的地方，像阳光一样，获得了教法的光明和温暖”。

公元 1430 年，藏历铁狗年，70 岁的汤东杰布站在拉萨河边，风轻轻地吹在他的脸上，他花白的须发扬起，显得意气风发、踌躇满志。马上，他就要修建他的第一座、拉萨的第一座、西藏的第一座铁索桥了，马上，他一生最大的愿望就要实现了。

关于修建第一座铁索桥的经过，我想引用马丽华女士所著《大地行者唐东杰布》一文中的描述：

“南北两岸的桥墩石基已经垒砌好了，一箭长的铁橛已经锲入两岸的岩石中，引链过河的绳索是用牛皮船载过河面的，三百名负责拉绳子的力士壮汉有僧有俗，现已各就各位，只待汤东杰布一声令下。

拉萨人倾城出动，齐刷刷涌向河堤，此刻正齐刷刷看向那位须发皆白的老者。汤东杰布诵罢经文，站起身来，朝向力士们大手一挥。

看热闹的人群充当了啦啦队，喝彩的、加油鼓劲的，欢呼声顿时喧响一片。三百力士手握粗绳的那一端，拴着百十米长的铁锁链，有人真正卖力，有人假装卖力，总之场面颇为壮观。一生最大的愿望就要实现，年届七十的汤东杰布心情激动，他既坐不住也站不住，于是情不自禁地在力士队列旁边走来走去，朗声诵念咒语，以神佛之力助阵。

突然，一切戛然而止，拽拉铁链的绳子崩断，三百力士不管是真出力假使劲的，全都扑倒在地。人群静止片刻，又喧哗起来，议论纷纷，都说很可能是水中鲁神作怪，人力不可为，建桥不可行吧。

往下就进入了神秘传说，据《唐东杰布传·宝贝明镜》所记，当天晚上，汤东杰布端坐铁橛子上，指挥众僧施行空行母皈依法，召请并役使天龙八部之鬼神精灵充当力士，铁链拉过河面，架成索桥。

这一消息像风一样传遍了全城，第二天大早，人们又齐集河边，惊叹眼前梦想成真的奇迹，在索桥上走过去再走回来，口口声声感念铁桥建造者，而汤东杰布早已不见踪迹——他赶往雅鲁藏布，又去建造第二座铁索桥了……”

※“阿吉拉姆”——藏戏

据传说，汤东杰布在修建曲水渡口铁索桥时，资金不足，造桥的事业遇到了空前的困难，而他也已不便向已奉献很多的民众再去要求募捐，毕竟谁都不容易。

巧妇难为无米之炊，一分钱难倒英雄汉啊！

正当汤东杰布左右为难的时候，有一次，他看见了在建桥民工中来自山南的能歌善舞的七姐妹（也说七兄妹）正在表演节目，看得大家开怀大笑、兴奋异常（在那个没有演出、比赛、网络、电视、广播、报纸等任何娱乐方式的时代完全可以理解），他看到这里，一个绝妙的想法瞬上心来。

汤东杰布组织山南七姐妹组建专业队伍，他本人担任投资人、经纪人、导演、舞美、编剧、词作人等多职，重新编排并演出很多已有的戏剧，宣传建桥的意义。西藏当代小学语文课文《藏戏》中是这么说的：“……藏戏的种子随之洒遍了雪域高原。所到之处，人们为姑娘们俊俏的容貌、婀娜的舞姿、优美清新的唱腔赞叹不已，观众们惊叹道：‘莫不是阿吉拉姆下凡跳舞了吧！’以后人们就将藏戏演出称为‘阿吉拉姆’。”“阿吉拉姆”俗意为“神仙姐姐”或“女神”，有了“神仙姐姐”们的帮忙，加上众多粉丝，还有为公益的目的，当然无往而不利（这个模式放到现在都是很好的公益活动参照）。以此汤东杰布募得许多钱财物资，最后终于建成了铁索桥。后来，汤东杰布不断发展和丰富藏戏，并最终在他的家乡创建了第一个蓝面具藏戏班——“迎·日吾齐寺”戏班。

通过近300年的桑沧变化，原本很多剧目的藏戏，如今和很多优秀传统文化一样只剩下了八个，即《诺桑法王》《卓娃桑姆》《苏吉尼玛》《文成公主和尼泊尔公主》《朗萨雯波》《白玛文巴》《顿月顿珠》《赤美滚丹》。现在，除了某些酒店接待游客时唱两嗓子外，想要欣赏优秀、高水平且完整的藏戏剧目，只有等到雪顿节才能欣赏到了。不过为了传承和弘扬优秀西藏传统文化，西藏文化部门专门举办了藏戏唱腔业余免费培训班，让藏戏不仅仅只是“西藏文化活化石”，止于专业舞台表演，而且还要深入到寻常百姓人家中。

有人说汤东杰布发明了藏戏，他是藏戏之神。对于这句话，笔者并不完全认同。笔者以为汤东杰布是继承和发扬了藏戏，要说他发明了藏戏，缺乏事实依据且不符合常理，但是这丝毫不影响他对藏戏的影响力和重要性。汤东杰布对于藏戏，就像是乔布斯对于iPhone，手机不是乔布斯发明的，但是他重新定义了手机；就像罗伯特·伍德鲁夫对于可乐，可乐不是他发明的，但他把可乐变为全球饮料。对于苹果迷来说，乔布斯就是他们的神；对于藏戏迷来说，汤东杰布就是他们的神。

汤东杰布是一个悲天悯人、敢于打破常规为人民造福的“诸多”（藏语一般说“诸多汤东杰布”，其意为瑜伽修行者）。他依靠自身惊人的毅力和人民群众的力量在西藏各地修建了58座铁索桥、60座木桥，并造了118条大小船只；修建了120座神殿、庙堂，111座大小佛塔；书写了18部《甘珠尔》（其中一部是金汁书写的）、15部《丹珠尔》；建造和完成了千百尊大小佛像和无数壁画、布花等。

汤东杰布是一个接地气、能让人感到亲近且世世代代享用藏民香火供奉的圣人。他是在西藏民间传播的历代高僧大成就者中备受爱戴的一位，是把悲悯的目光投向世间，行走于大地的行者，是拉萨人民在乔迁之喜时第一个要请进家的人。

汤东杰布还是一个精通佛法、拥有很高地位的活佛。他是一世多吉帕姆（西藏唯一女活佛）的老师，二世多吉帕姆的判断人。他在铁索桥头圆寂后，法体被装进银制灵塔之中，供奉在神坛并被追认为第一辈铁索桥活佛（铁索桥活佛是清朝中央直接管理和认定的西藏三十六位大活佛、大呼图克图中的一个，是和宁玛派教主、达扎活佛一样享受五层垫的大活佛）。

汤东杰布是一个普普通通的凡人，但他也是受人膜拜的神灵。就像电影《头文字D》里那句台词一样，“神本来也是人，只是神做了人做不到的事情，所以他才会成了神！”

第三节　今生来世：唐卡和坛城

※ 唐卡

相传公元630年拉萨的某个夜晚，繁星闪烁，明月如镜，焦聚在圣洁的布达拉宫。

熟睡的吐蕃赞普松赞干布在月影下显得安详可亲。突然，金光普照，紫气祥瑞，佛光笼罩着这位即将为人类艺术作出重大贡献的赞普。赞普梦中似有困惑，眉头紧锁，猛地一下坐了起来。

在梦中，赞普感受到了神的指示，为众生，他必须要赶紧把神的旨意留下印记。他随手扯下一块布，用自己的鼻血迫不及待地绘制了白拉姆像，然后交由文成公主亲手装帧。这就是藏民族的第一幅唐卡。后来，果竹西活佛将这幅唐卡装进了一尊新塑的白拉姆女神像腹内。

关于唐卡的起源，可以说众说纷纭，莫衷一是。有学者说西藏唐卡起源于印度 7—8 世纪业已流行的佛教布画，并用历史学、文献学等从宗教修法等方面论述分析西藏唐卡与印度布画的关系。有专家认为唐卡的演变过程与从汉唐至宋元的中原汉地卷轴画的形成演变过程相一致，由此推测唐卡来源于我国中原地区或蕃汉交往密切的敦煌。孰是孰非，无从考证。

2015 年，夕阳下的象泉河边，古格遗址金碧辉煌。巴桑次仁不困惑于唐卡的起源，他知道，唐卡是西藏的卷轴画，是青藏高原的的大百科全书，它包含神灵和圣人的生活以及象征宇宙的构成元素，体现了藏民族的审美趣味和宗教信仰，是虔诚教徒今生来世的信仰寄托。

2011 年，自西藏大学唐卡专业毕业后，巴桑次仁告别城市的霓虹闪烁，带着家人的叮咛嘱托，揣着纯粹的唐卡梦，只身一人，扎根在古格遗址脚下，挑灯奋笔，勾画信仰。风雪交加，四年如一日，巴桑次仁边苦修，边用心与唐卡交流，走近它，了解它。

唐卡至今已有 1300 多年历史，在漫长的历史长河中，唐卡随着藏传佛教的兴衰，不断起落。公元 7 世纪到 8 世纪，唐卡发展缓慢。9 世纪的藏族地区十分动荡，唐卡的发展受到了严重的影响，特别是“朗玛达灭佛”

期间，整个藏族地区的唐卡所剩无几。公元 10 世纪，唐卡的发展迎来了一个新的春天，开始了有序的发展。公元 11 世纪到 12 世纪，随着藏传佛教诸多教派的形成，唐卡艺术也形成了比较完善的系统。公元 14 世纪前后，唐卡艺术风格凸显，以地域为区分，形成了四大主流画派，即康巴地区的噶玛孜画派、安多地区的热贡画派、日喀则地区的青直画派以及乌斯藏地区的勉唐画派。

接下来，巴桑次仁要绘的是绿度母。唐卡的构图需遵循三根本原则，亦即上师、本尊与空行。上师是“加持根本”，本尊是“成就根本”，空行或护法神则是“事业根本”。

他冥思很久，胸有成竹，选择吉日，沐浴净身，焚香祷告。

他一边虔诚诵经，一边精心备料。在布面、纸面和刺绣、织锦、缂丝和贴花面等材料中，他选择了黄色的布面。

然后他开始考究用料，颜料全为天然矿植物原料，挑一捧松石，用心研磨，画出天空的蓝色；选一把珊瑚，潜心打磨，绘出飘带的红色……

定位起稿、铺底着色、精心勾勒、描银铺金，最后开光加持。

四个月后，唐卡完成了。这幅唐卡记载着藏族文明，凝聚着藏族人民的智慧与信仰，寄托着藏族人民对佛祖和雪域家乡无限的热爱。

藏族地区辽阔却又荒凉，藏民们逐水草而居。能裹成一卷、方便携带的唐卡就成为了他们的随身庙宇。大大小小的唐卡早已成为了一种象征，是修行时必不可少的用具。据传，礼拜唐卡可获得功德，在礼拜的同时，也要观想唐卡，以此来修法、祈福。

※ 坛城

藏历五月，作为西藏粮仓的日喀则，老百姓已经将青稞播种完毕。山坡平地上隐约能看到绿油油的希望。

而此刻，日喀则周围的藏族百姓们翘首企盼的藏历十五时轮金刚新年如期而至。尼色日山下的扎什伦布寺桑烟袅袅，经轮转动，一盏盏酥油灯跳跃诉说着一段庄重而神秘的坛城仪式。

天还没亮，虔诚的善男信女们早已盛装妆扮，从四面八方赶到扎什伦布寺的拉章点，等待着朝圣一种古老而又充满神秘色彩的图案，那就是在藏传佛教密宗文化中被视为最为神圣、最有特色的宗教艺术——坛城沙画。

坛城，也被称为曼陀罗，藏语为“吉寇儿”，意思是“中心和周围环境”，最早起源于古印度。据佛经记载，为防止诸魔侵入，古印度密宗在修法的场地中划定界线或修建土坛，并在上面设置诸佛像，表示诸佛聚集或轮圆具足。后来，修法时设置的坛和划定的界线被称为坛城或曼陀罗。

通俗地讲，坛城是佛的家，也可以是一个寺庙、一座王宫、一片大陆、一个念头等，是诸佛或菩萨聚集的空间。对于修行僧侣来说，坛城是探寻生命的通道，观想坛城，能达到内在的平静，能与神灵沟通。

相传两千五百多年前，释迦牟尼曾亲自指导弟子制作沙坛城，十一世纪时，制作坛城沙画的技艺随着佛教的传入而流传西藏。从此，这门精致绝伦的宗教艺术就历代相传，毫无间断。坛城可以是手绘、铜铸、沙砌、木雕，其中以立体坛城和彩沙坛城独具魅力。立体坛城因其可以保存移动，在中国历史上，为民族团结起到了不可替代的作用。雪域高原和祖国内地也因为立体坛城而血脉相连。唐朝时期，布达拉宫的时轮殿中，供奉着大型铜铸鎏金时轮立体坛城。清朝雍正及乾隆时期，汉传佛教和藏传佛教都十分兴盛。清宫内有许多佛殿和佛阁，之中放置着各种坛城。通体鎏金镶珊瑚松石坛城现在存在于台北故宫博物院，是公元 1652 年五世达赖喇嘛入京朝觐时进献给清顺治皇帝的礼物。现存于布达拉宫内一座用 22 万颗天然珍珠制成的珍珠坛城，是公元 1908 年慈禧太后送给十三世达赖喇嘛的礼物。这些立体坛城也见证清朝皇帝和藏传佛教的密切交往。

彩沙坛城作为坛城中的独特存在，富有独特的画制仪式和宗教意义，传统上只在灌顶过程开放给受法弟子观看，后来才选择性地对社会大众开放。在藏传佛教的密宗修行中，只有少数喇嘛才能掌握坛城沙画的制作。

欧珠是扎什伦布寺这次制作坛城沙画的喇嘛之一，他们在拉章殿制作的本尊佛是时轮金刚的时轮金刚坛城。时轮金刚是佛祖在讲时轮法时所具现的威严法相，是时轮密法奥义的象征。

扎什伦布寺密宗院内，气氛庄重，欧珠和其他三位喇嘛气沉丹田，运筹帷幄，开始制作坛城沙画。

第一天，他们的主要任务是制作彩沙坛城的结构部分。制作前，首先要准备的是彩色沙粒。天然矿石碾磨成粉，掺入各种染料就能支撑各色彩沙。制作坛城沙画一般有蓝、红、黄、绿、白五种基本颜色。在藏传佛教中，这五种颜色不仅对应着五方佛五智，而且还可以调配出其它十几种颜色。蓝铜矿石与孔雀石可以碾磨成蓝色与绿色的矿物沙粒，而红、黄、橙三种颜色的矿石则需要到昌都等地区去寻找，从碎料到最终符合要求的矿物颜料一般需要五六天时间。矿石在石臼中被研磨到一定程度后，加水沉淀，沉淀下来得到的矿石粉经沥水、晒干后，即为成品。最后获得的矿物颜料往往只剩下不到原来的五分之一。

彩沙就绪，接下来要做的是在地上画好垂直线、对角线、圆形等几何图案，作为构图定位的基础。坛城沙画由外院、中院、内院构成，形制一般都为圆形，表示天圆地方。坛城的中心位置有黑边的是极乐部，表示空性与极乐。中心为绿莲，上有一个黑盘，安住着时轮明王和明妃。八瓣绿莲的花瓣上各安住一位金刚亥母。莲花周围极乐部的地面上有四法器：白色法螺、红色木锣、黑色满愿珠宝和黄色满愿树，分别表示佛陀的身、语、意与无上智慧。极乐部的外围则为无上智慧部。再向外是意城，环绕着中心意城的是语城，它被用来表现佛陀的报身相，身城在语身之外，表现佛陀的色身相。底层是身城，有东西南北四向入口。在身城内部，是语城，语城中心的平台上，是意城，意城还有两重，为“无上智慧”部和“极乐”部，意城的“极乐”在“无上智慧”的中心。最外围是代表着凡界膜拜区域的外院。

五颜六色的细沙装入由喇嘛们自己打制的锥形铜管，它也是制作坛城沙画的过程中最为重要的工具。大小不同的锥形铜管有不同的作用，宽口锥形铜管用在空白较多的部分，而尖细形铜管主要用于法器和植物的制作。锥形铜管上的锯齿能使彩沙均匀地流出。制作时轻轻刮敲锥管，沿着预先画好的图线往返数次，积成一线，通过轻重不一的敲打控制流量，细细堆砌就可以勾勒出坛城宫殿周围的法器、植物、吉祥八宝。绘制坛城的喇嘛都经过非常严格的训练，每一个细节都要牢记，每一个步骤都须按照传统的技法制作，不可以随意改变。喇嘛们会带着口罩，小心翼翼地防止每一次呼吸吹变形坛城上堆积的彩沙。

又一缕清晨阳光笼罩扎什伦布寺，欧珠和其他喇嘛们已经开始新一天的劳作。今天他们要画坛城中的正方形建筑城墙和城门。城墙与屋檐等建筑的装饰结构的底色由白、蓝、绿、红四种颜色组成，象征着佛教里胜神洲、瞻部洲、牛贺洲、俱芦洲四大部洲，而用蓝、白、黑、红、黄、绿六色来表示护城河。由于细沙只是堆积在线图上，无法固定，所以制作过程非常缓慢。近三平方米左右的坛城，四个人差不多要用五六天的时间才可以完成。这对制作者体力、记忆力和技巧也是极大的考验。

十多年前，第一次看到坛城，欧珠心里充满了激动、好奇和敬意。但在随后几年学习绘制的过程已远远冲淡了第一次的好奇，留下的是日渐深厚的敬意。学习制作坛城沙画一般选择在冬季，因为这个季节寺院的法事活动较少。学习的过程极为枯燥，长时间的盘坐俯身，机械般的不断重复，繁复图案的记忆都是对身心的双重考验。青藏高原的冬天，阴凉刺骨，即使盘腿坐在垫子上，冰冷的地面仍使人感到寒气。对欧珠来说，学习制作坛城的过程也是一种修行，当五彩的沙粒从他手中洒向坛城时，修行就真正开始了。

除了制作坛城沙画，欧珠每天还要上诵经课，回到住所已经很晚。不足十平米的住所陈设极为简单，只有基本的生活用品。欧珠喜欢这里的简单安静，这样他可以潜心诵经修行，多少玄奥的佛法智慧在这片宁静中被渐渐参悟。欧珠的理想就是考取“格西”学位。格西学位是格鲁派的最高学位，相当于博士学位，是伴随着辩经考试制度的出现而产生的。一个僧人要取得某高一级格西学位要经过20至30多年的辛苦学习，而且格西学位在喇嘛的一生中只有一次考试机会。

有着几百年历史的扎什伦布寺对坛城的处理极为神秘。第六天，极尽繁华的坛城沙画完成了，僧人们要连续八天诵经护持坛城。上师用金刚杵从坛城中心划线，并向八个方向放射。一沙一世界，此句话蕴含着深厚的佛教内涵。在庄重的仪式中，选取几处特殊部位的彩沙装入净瓶，然后将净瓶请出拉章殿，供奉在一个神秘的殿堂。而剩下的沙子则要撒入附近的河中，让流水带着佛理和祝福流向大海，传遍全世界。

从绘制时轮金刚坛城前的法事活动到坛城沙画的完成，欧珠已在拉章殿工作了二十多天。或许是因为时轮坛城一年只制作一次，人们在坛城前迟迟不愿离去。欧珠知道，坛城难建而易毁，随着法事活动的结束，僧人会把即将完成的坛城沙画用手抹掉，留在信徒心中的也将是重重的幻象。每一座坛城都不尽相同，但制作的心态却都始终如一，对于欧珠来说，这或许正是修行过程中的一部分。

看着瞬间消失的美景，我们这些凡夫俗子不禁深思，难道关于获得的修行必须要通过“失去”这种方式么？也许只有摧毁眼前看得见的幻象，方能体会到裹藏在美丽之中的真实吧。一切美好总有消亡的时刻，那样人们才会去珍惜。这最能揭示大千世界“虚幻无常”的本性。

繁华世界，不过一掬细沙。坛城从制作到消逝，始终充满着神秘色彩，正是这种神秘，伴随着坛城的制作工艺流传千年。

第五章　壮美山河：神山·圣湖·江河的传说

斯巴宰小牛时，
砍下牛头放高处，
所以山峰高耸耸；
斯巴宰小牛时，
割下牛尾栽山阴，
所以森林浓郁郁；
斯巴宰小牛时，
剥下牛皮铺平处，
所以大地平坦坦。

这首《斯巴宰牛歌》，在苍茫的青藏高原流传了很多年。这是一首承载着藏民族群体记忆的歌谣，是他们关于天地万物、高山峡谷、森林草原最初的猜想，也是属于藏民族开天辟地的古歌，其地位等同于汉民族的盘古传说。所以，这是一首意义深远的歌谣。

相传远古时期，世界一片虚空，位于宇宙中心的大山叫须弥山，最初的神就住在须弥山上。须弥山位于茫茫的大海之中，在其四周环绕着四大洲部，分别是东胜神洲、西牛贺洲、北俱芦洲和南瞻部洲。看过《西游记》的人，对这四大部洲应该很有概念，话说当年孙悟空就住在东胜神洲的傲来国一个名叫花果山的地方。书归正题，除南瞻部洲外，其它三洲均有人类出现，且衣食无忧。为改变南瞻部洲的环境，作为宇宙和时间之神的斯巴宰杀了一只小牛，他把小牛的头放在高处，从而有了苍莽巍峨的高山；他把小牛的尾巴栽在山谷处，于是有了郁郁葱葱的森林；他把牛皮铺在平坦的地方，于是有了广阔无垠的草原，而小牛的器官则变成了雪域高原的山山水水。

如今我们看到的青藏高原，正如这首古歌唱的一般，蕴藏着无数大山大河。千山之巅、万水之源的西藏，并非浪得虚名。这里，巍巍高山直插云端，绵绵白云环绕雪峰，千湖万水生生不息，从傲立世界之巅的珠穆朗玛到千山之祖的冈仁波齐，从天上巨龙雅鲁藏布江到万水之母玛旁雍措，在西藏，山山水水都被赋予灵性。丰富多彩的神话与传奇如同雪山冰川的融水，在雪域高原历史的长河中潺潺流淌。在千年的流传中，渗进了西藏的每一寸土地以及藏民族生活中的方方面面。就让我们坐下来，翻开这一章，静静地听神山、圣湖和江河为我们讲述在世界屋脊流传了千年的神话与传奇……

第一节 神山

如果你坐飞机进藏，俯瞰，你会发现位于地球最高点的青藏高原，边缘高山环绕，峡谷深切，水流湍急，真可谓是“上有六龙回日之高标，下有冲波逆折之回川”。唐古拉山、昆仑山、巴颜喀拉山、祁连山、喜马拉雅山等高大山系犹如一条条腾于云端的神圣巨龙，盘踞于高原之巅。

一句话，这里是山的世界。

多山的民族自然而然就会有山的崇拜，从原始宗教本教始，到藏传佛教的传入，再到佛本的融合，山，作为神话与传说的载体，经过千年的传承与打磨，矗立成了藏民族心中永恒的神山，流传着一段段与之相关的神乎其神的传说。

翻开古老的书页，你会觉得传说是如此有趣，看着是在说神的传说，其实都是人的故事。神的神力是人们所得不到却又渴求得到的力量，于是，在人的世界实现不了的，就在神的世界里将想象力发挥到极限，宇宙无边，关于神的想象自然也就无边了。

群山连绵之地，每一山系都矗立着神的身影。

据本教史记载，在青藏高原，凡是雪山，无论大小，都有山神为之守护，他们遵循着世俗的统治制度，大山神管着小山神，小山神直接管着它辖区内人民的灾喜祸福。当然，人民在信仰小山神的同时，自然会对大山神更为崇敬。

山神的世界也分先来后到、三六九等，在本教和藏传佛教的描述中，山神具备人形，却远比人形复杂。他们可幻化成万物，犹如孙悟空的七十二变，他们有的脾气暴躁，有的温和，有的喜怒无常，总之世间人具备的万千性情山神们都具备。正是如此，藏族地区人民对山神充满了崇敬和小心翼翼，唯恐自身行为不慎触怒山神而致灾难降临。

山神加上山，便组合成了另外一个词，神山。由于本教的自然崇拜，

因此，这片广袤的藏地到底有多少座神山，直到现在都是一个未知数。

后来佛本之争中，佛教为了更好地扎根于青藏高原，采取了兼容并包的态度，把这些神山全部归于自己的护法神系列，许多神山便因此成为佛本之间共同的神山。而这里面，最具代表性、知名度最高的当属冈仁波齐。

冈仁波齐太有名了。从没有任何一座山，像它一般心安理得地接受着不同信仰、不同教派信徒的顶礼膜拜。

综合成千上万人的感官描述，关于冈仁波齐的外观介绍简要如下："冈仁波齐远望像一座白色金字塔，傲然屹立在冈底斯山脉之间。走进后，你能看到其四壁分布极为对称，南面的'佛教万字格'可谓它的著名标志，从峰顶垂直而下的巨大冰槽与一横向岩层构成十字相交的形状。"关于这个标志，有一则流传特别广的传说，那就是著名的斗法传说。传说的版本很多，细节不一，但故事梗概基本是一致的。

相传，藏传佛教噶举派第二代祖师米拉日巴尊者和本教大师纳热本琼都在冈仁波齐修行，一日，他们不期而遇。冈仁波齐很大，两个人想遇见本身挺难，但由于佛本不同的转山顺序，佛教是顺时针，本教是逆时针，因为逆向而行，终于，在某个点上，两个人迎头相遇了。

话说，两人刚见面时还挺客气，彼此寒暄了一阵。内容类似于：哎，原来你也在这里啊！吃没吃饭呢？……诸如此类。然而，当谈到核心问题，这山到底是谁的修行地时，两个人就没有好气了。细想就明白了，冈仁波齐不是一般的地方，这两人也非一般的信徒，往大了说，这已经不是米拉日巴和纳热本琼两个人的事了，这关系到两个教派、上万信徒的尊严。

两人就冈仁波齐的归属问题争来争去，谁也不让步，谁也不会让步。最终，两人决定遵循自然法则，比谁强。于是，通过友好协商，约定在藏历吉祥日四月十五日这一天，两人比试法力。比赛规则很简单，就是两人不管用什么方式，谁先登上山顶，神山就归哪个教派，听着像是一场登山比赛。

四月十五日这天，天刚蒙蒙亮，纳热本琼就骑上他的神器皮鼓，向山顶拼了老命地飞奔。飞越山腰时，刚好看见米拉日巴闭着眼在修行洞里打坐，纳热本琼心里窃喜，心想这下赢定了。

此时朝阳初起，光芒万丈。当第一缕光线射进修行洞时，米拉日巴眼睛猛地睁开，伸手一拽那光线，整个人飞身直上，以迅雷不及掩耳的光速之势登上了山顶。

纳热本琼还在哼哧哼哧地飞，心里美美地想着，米拉日巴那修行洞挺不错，赢了之后可以到那个洞里去住一段日子。好不容易飞到山顶，却看到米拉日巴已在山顶闭目冥想，一幅气定神闲的模样，也不知是太惊讶还是太气愤，纳热本琼直愣愣地从山顶滚了下来，还把山坡砸出一道深沟，故而成就了南坡的显著标志。

斗法失败，纳热本琼也没脸在冈仁波齐待了。同是天涯修行人，难免惺惺相惜，米拉日巴想着，纳热本琼也不容易，便在山顶抓起一把雪，对着纳热本琼大声说（两人一人在山顶，一人在山脚，离得有点远，小声了估计也听不见）：“我这雪落之处，便是你修行之地。”说完，手一挥，将雪向东方洒去。纳热本琼无奈只得再次骑上皮鼓，跟着雪花飞了几天几夜，终于，雪落在了云南迪庆的白水台。从此，纳热本琼就在那里修行弘法，再也没有离开。

从这个传说中就可以窥见，冈仁波齐在佛教与本教中的重要地位了。本章开章序言中曾提到世界混沌之初，宇宙的中心就是须弥山，而据佛教记载，须弥山就是冈仁波齐。对，你没看错，须弥山就是冈仁波齐。看到这里，各位对冈仁波齐的神圣地位是不是有种瞬间顿悟的感觉?

不仅如此，在教信徒看来，冈仁波齐不仅仅是世界的中心，它还是藏地的圣地和灵魂。在它之上，有一座飘渺的宫殿，居住着世界形成之九大神，还有掌管天地人间的360个神灵。形象一点来说，冈仁波齐就是所谓的天宫，本教中各路神仙住的地方。相传，本教祖师辛饶弥沃，据说就是从冈仁波齐下凡到人间，辛饶弥沃后来创立了“雍仲”本教，教派图案据说就是以冈仁波齐南坡的十字印记为基准创建的。

再说印度古老的耆那教，和佛教有着差不多久远的历史，也将冈仁波齐看作宇宙的中心。冈仁波齐峰顶常年积雪不化，耆那教却认为那只是表象。在他们看来，冈仁波齐实际上是一座有灵性的火山，散发着神圣的火焰，而天神就盘旋在四周。相传，耆那教的创始人筏驮摩那，经历了十几年的苦修，来到冈仁波齐后，瞬间开悟，觉得自己已然获得了超凡的精神洞察力，从而得到了解脱。

值得一提的是，筏驮摩那与释迦牟尼的经历有着惊人的相似度。他出生在印度东北部，三十多年后，释迦牟尼也出生在那里。筏驮摩那的老爹是一个酋长，他呢，自然从小就过着衣食无忧的日子。话说，筏驮摩那在这种安逸的环境下就这样一直不咸不淡地过着，遵循着常人的生活轨迹，结婚生子。

不出意外，他后半辈子的生活就是等老爹一走，继承家族事业。然而，三十岁那年，筏驮摩那突然脑子一热，万贯家产不要了，妻室儿女也不顾了，要去苦修。期间，他吃了很多苦，不比释迦牟尼遭罪少，终于，十二年后，耆那教成熟地横空出世了。说到这里，再提两句，为什么说成熟？那是因为在筏驮摩那之前，有23个人也一直在传承发扬耆那教，加上筏驮摩那，共称24祖。前面22人也在致力传教，但效果不太显著，到第23祖白史婆时，耆那教开始初步有了个教团，然而影响并不大。到筏驮摩那时，创建了中心教义。核心的东西有了，耆那教开始正式兴起，并从此发扬光大。

再回到大名鼎鼎的冈仁波齐。

除了佛教、本教、耆那教之外，印度教也将冈仁波齐视为神圣无比的神山。相传，冈仁波齐是印度教主神湿婆进行永恒性力修习的地方。印度教三大主神分别为梵天、湿婆和毗湿奴。梵天，主管创造世界；毗湿奴，主管维持世界；湿婆，主管破坏世界。湿婆虽然主管破坏，却又兼具创造和破坏双重能力，可谓成也湿婆，败也湿婆。由于能力格外强大，湿婆因此也成了印度教最受崇拜的主神。

最厉害的主神住在最神圣的山上，犹如神山的形成一样，因为湿婆一直待在这里，慢慢地，冈仁波齐也被视为湿婆的化身。梵文中，冈仁波齐意为“湿婆的天堂”，可见在印度教看来，冈仁波齐与湿婆已经融为一体，无法分割了。 因此，印度教徒笃信，有生之年，只要朝拜过冈仁波齐，其他神山就不用再去朝拜了，就这地位，你说其他神山能和冈仁波齐相提并论吗？答案肯定是不能的。

一座山，被四种宗教同认为是世界的中心，神圣得不能再神圣，千百年来，成千上万的信徒不远万里对它顶礼膜拜。如果时空也是一本书，它该记载着多少人对冈仁波齐的虔诚，又该记下了多少数不尽的神话传说。相传，转山一圈，可消除毕生罪恶，转山 108 圈，不仅罪恶全消，且能飞身成仙。冈仁波齐，承载着太多的神圣和信仰，说它是神山之王，一点都不夸张。

接下来说说另一座知名度也很高的神山，念青唐古拉。据藏族本教史记载，天地混沌之初，世界有九大神，他们开天辟地，各有分工，既造化万物，也主宰着万物。他们住在不同的山上，久而久之，与山融为一体，从而形成了藏族地区九大神山。他们分别是：神山之父沃德贡杰，神山之子雅拉香波、玛沁本惹、念青唐古拉、干波拉杰、交钦董惹、觉沃宗杰、肖拉鸠波、修喀惹。在这九座神山中，传说最多、知名度最高的就是念青唐古拉了。

念青唐古拉，实在是一座很有个性的神山。

说起念青唐古拉，必然提到纳木措，毕竟在各种传说中，他们都是作为一对恩爱夫妻同时亮相的。当然，这里的主角依然是念青唐古拉，关于纳木措，将在下一部分为大家详细展开。话说，念青唐古拉虽然与纳木措恩恩爱爱，但却并非一心一意。传说中，除了纳木措，他至少还有两个情人，一个名叫白孜山，在羊八井，另一个叫其姆岗嘎山，在尼木县玛尔姜乡，离念青唐古拉都不远。这里需要说明一下，虽然在神话传说中，神山多为男性，但也并非所有的山都是男性，比如珠穆朗玛峰，就被称为仙女峰，“珠穆”藏语就是女神的意思。

相传念青唐古拉日日流连在两个情人之间，把结发妻子纳木措抛在了脑后。后来，纳木措气不过，与附近的保吉山私会，并生下私生子，念青唐古拉知道后，一怒之下砍断了保吉山的双腿，典型的“只许州官放火，不许百姓点灯”的个性啊！

另外，念青唐古拉旁边稍矮的一座山峰，相传是他的儿子。因为长得太快，眼看马上就要超过自己了，念青唐古拉很生气，一巴掌拍下去，警告儿子说：“长成这样就可以了。”从此，作为儿子的那座山怕挨打，就一直低着头，不敢再长了。

在藏族民间传说中，念青唐古拉可谓法力超群，个性十足。他统管着唐古拉山脉360座山峰的山神，横贯藏北阜原。据说他拥有变幻无穷的能力，类似于孙悟空将物体变大变小的本事。他把自己变得最大时，脚可以伸到康区，也就是今天昌都市外加四川甘孜阿坝那一块了，右手可伸到上部的蛮荒之地，左手可伸到日喀则的荒野地带。打开卫星地图，可以清晰地看到，近东西走向的唐古拉山脉，位于青藏高原的腹心地带，自然地将上下左右连接在了一起。因此，神话传说有时候也是在基于事实的基础上不停地夸大而已。

念青唐古拉作为原始本教最崇拜的神灵之一，在后来的佛本之争中，被莲花生大师收服。中间斗法过程有多种版本的传说，结果总之是魔高一尺道高一丈，念青唐古拉把看家的本领都使出来了，最后莲花生大师手轻轻一挥，轻而易举地将他降服为佛教的护法神了。

收服后的念青唐古拉地位更高了，原本只管本教众生的祸福，现在连着佛教的众生也一起管了。于是，传说更多了。有说他是财宝守护神，管着世间所有的金银珠宝，听着就是个不错的差事；有说他是吐蕃著名赞普赤德松赞的体神，这位赞普在位时大力扶持佛教，僧人在朝廷的地位一度达到了顶峰；还有说念青唐古拉是红山及卫藏四茹的地方保护神，掌管着这些地方的安乐祥和。红山上有什么？有享誉世界的布达拉宫，住着西藏最神圣高贵的人。而所谓卫藏四茹，概括来说就是指今天拉萨、山南、日喀则和林芝大部分地区，而这些地方的重要性直接说明了念青唐古拉的神圣地位。

从纳木措朝南，远远可看见念青唐古拉连绵不断的雪山，巍然屹立在湖之畔。作为长江的发源地，念青唐古拉不仅赢得了藏民族无限的尊崇，还承载着整个中华民族的生命之源。

下面这座山，承载着中华民族的精神之源，它的名字叫：昆仑山。

毫不夸张地说，昆仑山在中华文化中的神圣地位丝毫不亚于冈仁波齐在其诸多信徒中的地位。巍巍耸立的昆仑山脉，连绵不断，从西到东，大写着中华民族的精神传奇。从古到今，昆仑山被称为“万山之宗”“龙脉之祖”，等等。作为中国第一神山，中华民族千百年来滥觞的神话传说中，许多玄之又玄的故事往往都与昆仑有关。

而昆仑，与青藏高原有关。

前面提到过，青藏高原混沌之初，相传有开天辟地之九大造化神山，其中有一座叫玛沁本惹，又名阿尼玛卿。阿尼玛卿在安多还被称为“阿钦岗加”，藏意为昆仑山，事实上，阿尼玛卿只是昆仑山脉的一部分，位于山脉的最东段，可谓实实在在的“龙头”。

虽是不同的民族，无论是对昆仑山还是阿尼玛卿，都有着相同的神山崇拜。

阿尼玛卿，相传是神山之父沃德贡杰的第四个儿子，那时候安多，也就是现在的青海境内，妖魔众多，百姓苦不堪言。作为神山之父的沃德贡杰，主管着整个“世界”的安定祥和，怎可任由妖魔作怪？于是，沃德贡杰思虑再三，决定派阿尼玛卿去安多降妖除魔，保一方百姓安定祥和。阿尼玛卿身着白盔、白甲、白袍，身骑白马，一路狂奔到安多，手执银枪，和妖魔鬼怪打得天昏地暗，最终降服了那里的各方妖魔，拯救了当地百姓。

除去高贵的出身外，阿尼玛卿另一个令人世世代代尊崇的原因则与格萨尔有关。因为能力超群，力盖群魔，在《格萨尔王传》中，阿尼玛卿被称作“战神大王”，而更重要的是，相传它是格萨尔王的寄魂山，也就是灵魂所在之地。但凡对藏民族历史文化有点了解的人都清楚格萨尔王对于这个民族的意义，在一代又一代的传唱中，格萨尔的地位变得越来越崇高，他是藏民族的英雄，是神化了的人，也是人化了的神！所以，阿尼玛卿在藏民族心中的地位就无需赘言了。

再说回昆仑山。相传天地混沌未开时，本有四大元灵游弋其间，分别是地之元灵浊垢元壤、水之元灵冥狱玄冰、火之元灵大日金焰、风之元灵虚无罴风。睡醒了的盘古用斧子劈开了天地，洪荒世界从此开始了。这四大混沌元灵如精灵一般随天地横空出世，而其中的地之元灵浊垢元壤吸收天地始初之灵气，化为了连绵的山脉，名为昆仑山。所以说，昆仑山是一座全身沾满灵气的神山，而它的关键词之一“长生不老”更是激起世间万千凡人的无限遐想和向往。

中国人自千百年来，从天子到庶民，从未放弃过对长生不老的追求。近代，随着唯物史观的普及和科学的发展，生与死成为了人们不得不承认的事实。纵然世上的的确确没有西天瑶池，也没有西王母手上的长生不老药，但试问诸君，在你人生的某一个时刻，当面对无可奈何的死别时，你是否也曾有一丝奢望，如果世上有长生不老药该有多好！

昆仑山，千百年来，承载的就是这样的寄托！

《山海经·海内西经》记载，“海内昆仑之虚，在西北，帝之下都。昆仑之虚，方八百里，高万仞。”意思就是说昆仑山是黄帝在下界的都邑，有一万一千一百一十四步二尺六寸高，叠叠重重有九层山，同时也是天界与人间的交接之门。相传凡是修行之人能够到达这天界之门，基本上就可以得道成仙了。

与藏族流传的神山体系一致，昆仑山也得有个神仙住在上面。这样，山因神更灵。相传，住在昆仑山上的神仙，就是西王母，她的仙邸有个很美很梦幻的名字——瑶池。西王母用昆仑山的六月雪酿造美酒，经常设盛宴招待昆仑山各路神仙、各种奇禽异兽。西王母的名声很大，周穆王闻名而来，倒也成就了一段神仙眷侣的佳话。

从阿尼玛卿到昆仑山，这条横贯中国西北的山脉，从古人的敬畏开始，慢慢被传说一步步神化，从而成了人们心中永恒的信仰。直到现在，在青海，仍有成千上万的信徒不远万里赶来，煨桑、转山、磕长头，敬奉着这座他们心中威力无穷的神山。而昆仑，它承载着中华民族太多的文化精神内涵，今天许多团体、个人也不远万里来到昆仑，只为了心中那个遥远而奢侈的梦想。天地苍茫兮，莽昆仑，是不是真的存在天界之门？瑶池盛宴的仙乐会不会就这样闯进你的耳畔？谁又知晓呢……

第二节　圣湖

青藏高原有多少湖泊？多到数也数不过来。你看那上千的湖泊，大小不一，星罗棋布地分布在每一个角落，有名字的，没名字的，像蓝色宝石一般点缀着莽莽高原。

在众多有名字的湖泊里，驰名中外的湖泊很多，在众多驰名中外的湖泊里，玛旁雍措、纳木措、羊卓雍措名声最为显赫，它们既是神湖，也是圣湖。中国有句俗话说，女子是水做的。在古老遥远的青藏高原，人们秉持着与此相近的看法。在这里，他们将湖神化为女性，住着的都是神女。所谓高山出平湖，神女应无恙，笔者想，正是因为一开始就让神女住在湖里，才引发了后人无限的感慨吧。

“万水之母”玛旁雍措，有太多神幻的故事在这里流传，探不清却又莫名地让人着迷。因为冈仁波齐，玛旁雍措显得更为有名，冈仁波齐是世界的中心，众神的殿堂，作为他的妻子，玛旁雍措便成为了宇宙中真正的天堂。藏传佛教、本教、印度教将玛旁雍措视为世界上至善至美的湖，认为来过圣湖，喝过圣湖的水，用她的水洗过肉体，那么灵魂也会被清洗干净，从而也能成为至善至美的人了。作为“万水之母”，玛旁雍措以宽大的胸怀接纳着各路大神，容纳着天地万物，于是，她又有了另两个称谓：“众神的香格里拉”“万物的极乐世界”。《道德经》里说“上善若水，水善利万物而不争”，应是对玛旁雍措最好的注释吧！

关于玛旁雍措的传说，不得不再说回佛本之争。在雍仲本教中，玛旁雍措被认为是龙神的宫殿，当然，那时的玛旁雍措还不叫玛旁雍措，而叫“玛垂措”，“玛垂”是广财龙王的名字，也就是说玛旁雍措其实是龙王之湖的意思。

此处需普及一下基本常识。本教的龙与汉族传说中的“龙”是不一样的。汉文化中的“龙”，虽然在现实生活中没有具体的动物原型，却在综合了各种生物特征的基础上，成就了自己的固定造型，有龙角、龙须、龙鳞、龙脚，能呼风唤雨，腾云驾雾。而本教中的龙，就完全不一样了。外形比较随意，是本教“龙”的最大特点，它可以幻化成多种形状，可以人头蛇尾，也可以人头鱼尾，可以是鱼，也可以是蛇。龙主管财宝，能力很强，颇受本教尊崇。广财龙王住在玛旁雍措的湖底，守着不计其数的金银珠宝，在本教中有很高的地位。

藏传佛教传入青藏高原后，剧情发生了改变。龙变成了兴风作浪、祸害人间的元凶，莲花生大师路见不平，用手一挥，制服了住在玛旁雍措的龙，

从此该龙改邪归正，成了藏传佛教的护法神。剧情的反转完全符合佛教的风格：佛教不杀生，所以遇到妖魔鬼怪时，降服之后，要么从此放下屠刀，要么就直接皈依佛门了。

看来不管是佛教还是藏传佛教，兼容并包是他们一贯的传统。

但玛旁雍措的千古盛名，更是源自900多年前的一场佛本论战。主角还是在冈仁波齐掐架的那两位，米拉日巴和纳热本琼，当然，配角自然是两方的信徒。论战的目的，自然也是为了争地盘。双方各执一词，吵得是唾沫横飞。米拉日巴一看，这么吵下去何时到头？于是对纳热本琼说："我们佛教讲究神通，我想你们也一样，如果我的神通比你大，你就要离开这里另寻他处！"说着，米拉日巴手指一伸，用手尖将整个玛旁雍措湖撑了起来，里面的鱼啊虾啊丝毫无损。这下把纳热本琼震住了，自知神通不如米拉日巴，甘愿认输了。纳热本琼虽然这场认输了，却并未完全放弃对冈仁波齐的争斗，于是，便有了后面那场冈仁波齐斗法。

这场论战因为在玛旁雍措湖畔举行，又因为米拉日巴施法时，玛旁雍措如此配合，于是，佛教僧众认定是玛旁雍措在保佑他们，于是将其重新命名为“玛旁雍措”，“玛旁”意为不败。从此，世间没有了玛垂措，有了“永恒不败的碧玉湖”——玛旁雍措。

不管是龙王湖，还是永恒不败的碧玉圣湖，千百年来，玛旁雍措湖似海，在高原阳光的沐浴下波光粼粼，一直流淌在万人敬仰的世界里。千年不变的风，一直在湖畔盘桓，讲述着这里曾经发生过的沧海桑田，还有那一个个虔诚的故事与传说……

作为藏传佛教的三大圣湖之一，玛旁雍措的名气堪比冈仁波齐，自然比另外两个圣湖要稍出名一些。

然而，纳木措和羊卓雍措也非等闲之辈。

之前提到过的念青唐古拉里面，纳木措已然作为特邀嘉宾客串出过场了，到了这里，她是本部分的主角。

自然还是传说！

相传，纳木措是帝释天的女儿，天神之女下凡为湖，自然就是天湖了。被誉为天湖，还有一个更直观的原因。去过纳木措的人应该都有这样的感觉，纳木措湖水天同色，远远看上去，就像从天上倾泻而下的一片湖，分不清哪是湖、哪是天，后来的传说也只是把这种自然的鬼斧天工修饰得更神乎其神罢了。

说到纳木措，先简单说说她的父亲帝释天。众所周知，佛教来自印度，帝释天也来自印度，不过其起初并不属于佛教。帝释天原是印度教的神明，主管雷电和战斗，可谓威力和战斗力都爆表的神仙。后来，佛教兴起，锲而不舍地发挥其兼容并包的优良传统，将帝释天收为自己的护法神。从此，帝释天成为了佛教 “二十诸天”中的第二位天王，住在佛教神山须弥山上的忉利天，那里有一座城，名为善见城。

因为父亲很厉害，作为帝释天的女儿，纳木措自然也神力十足。雍仲本教把她视为本教第一神湖，认为湖有七十二圣地。后来，藏传佛教将纳木措归为“三大圣湖”之一。再后来，随着藏传佛教的迅猛发展，纳木措的地位越来越高。到12世纪末，藏传佛教噶举派的一小分支达隆噶举派的创始人达隆·塘巴扎西贝，带着一群人来到纳木措，在这里开始了漫长的密宗要法修习。

转山转湖本就是佛教的优良传统。达隆·塘巴扎西贝在整个密宗修习过程中，想着玛旁雍措都有羊年转湖的传统，为什么纳木措没有？平时纳木措也有人来转湖，但总是零零散散，三三两两，不成规模。想来想去，达隆·塘巴扎西贝终于想明白了，纳木措之所以不愠不火，在于缺一个理由，一个足够让信徒们来转湖的理由。

于是，达隆·塘巴扎西贝和他的同伴们在漫长的修习过程中，也创造了另一个神话。他们称，羊年之时，诸天神佛、菩萨和护法神都要来纳木措，在这里设坛，大兴法会。只要这个时候来朝拜，转一次湖胜过平时10万次，而且能得到诸神护佑，福寿无穷。

这个神谕加上纳木措本身的神话魅力，从此羊年来纳木措转湖的人越来越多，而这神话也就慢慢变成了信徒心中的事实，而达隆噶举派也因为始创了羊年转纳木措而得以传名！正如噶玛噶举派始创了活佛转世制度，使得千年史书总有它一席之地一样，纳木措与达隆噶举派，谁成就了谁，谁又说得清呢?

再说回纳木措。

神女下凡的纳木措嫁给了念青唐古拉，正所谓门当户对，情投意合。纳木措往南，便可见念青唐古拉远远地伫立在那边，柔情似水地守护着纳木措。在水天一色间，念青唐古拉站成了一道风景，凝固成了一种永恒。山因水更柔情，水因山更俊美，山水相依的念青唐古拉和纳木措，流传着无数版本的传说，但终究都是一出贤妻洒泪换回浪子心的悲情剧。

传说的第一个版本：念青唐古拉有两个情人，但无论是神，还是人，世间所有女子都是一样，愿得一心人，白首不分离，纳木措自然也是如此。为了让念青唐古拉一心一意只爱自己，纳木措找到了女巫。她请求女巫告诉她个法子，让念青唐古拉心中只有她一人，生生世世。女巫告诉纳木措，天地间有一片魔法森林，走进去，只要在天亮之前走出来，就可以永远占有念青唐古拉的心了。

纳木措踏进了魔法森林。她在里面艰难地穿行着，心中只有一个愿望——走出去，从此就不再担心念青唐古拉到处拈花惹草了。然而，天亮了，她却没能走出魔法森林。她永远也走不出了，因为她变成了一片湖。

知道情况的念青唐古拉急急忙忙地赶了回来，却只看到了一片碧蓝色的湖，湖水很咸，像泪水一般。念青唐古拉知道这是纳木措，对自己的行为悔恨不已，于是，他把自己变成了一座山，就矗立在纳木措的南边，是赎罪，也是守护。

传说的第二个版本：纳木措与念青唐古拉成婚后，本来十分恩爱，夫妻感情非常好。一日，念青唐古拉外出游玩，偶然邂逅了曼妙多姿的羊卓雍措，一说是偶遇了另外一片湖，名字不详。念青唐古拉乐不思蜀，一晃三年过去了，似乎已经把纳木措给忘了。

纳木措日日哭泣，眼泪流得太多太多，硬生生地哭成了一片湖。

结局还是那个：知道情况的念青唐古拉急急忙忙地赶了回来，悔恨不已的他把自己变成了一座山，就矗立在纳木措的南边，是赎罪，也是守护。

虽然都是传说，却也承载着很多人世间的道理。世间，女子往往比男子痴情，而男子往往都比女子多情。

愿得一心人，白首不分离，这多半是女子的心愿。就像纳木措，穷尽一生，也只为换回一人心而已，纵然成湖，初心不改！

当然，神话体系的传说往往带着唯美主义色彩。而民间传说中，带着更多的是英雄主义色彩。

关于纳木措的由来，在藏北草原，流传着一个更有名的传说。

相传，藏北草原有一个美丽健壮的姑娘，姓名不详，但却是所有小伙倾慕的对象。一天，姑娘去放牧，倚在一块大石头上，晒着暖暖的太阳，不知不觉地睡着了。梦里，她看见一个身穿白衣、头戴白帽、身骑白马的英俊男子走向自己，两人在梦里耳鬓厮磨，缠绵悱恻。醒来后，姑娘怀孕了，年龄稍长的老人告诉姑娘，梦中男子可能是念青唐古拉神。

神的孩子自然不同，这个孩子一生下来便力大无穷。没事就喜欢搬搬石头，把石头扔来扔去，全当健身了。他们住的帐篷旁边有一块巨石，老年人都说，这块巨石下面通着海，不可轻易去动，否则后果将不堪设想。好奇是孩子的天性，无知无畏的小孩把周边的石头都搬了个遍，急需寻找新的挑战和刺激。于是，某一天，趁大人们不注意，孩子哼哧地将石头搬起来了。

那一刻，他才知道，老人们的话并非戏言。一股泉水从洞口喷涌而出，止都止不住，瞬间就淹没了牛羊、帐篷，一会就将低洼的地方全淹没了。眼看，就要将整个草原淹没了，孩子一着急，赶紧从念青唐古拉的阳坡搬来十八座山，阴坡搬来十九座岭，挡住了大水。这些被山岭围起来的水，慢慢地形成了一个巨大的湖，就是今天看到的纳木措了。

不得不说，世上的民间传说都具有惊人的相似性。上古时代，我们的人文始祖伏羲的娘因为好奇，踩了一个未知的脚印，便有了伏羲。所有英雄人物的出生总是那么的不合常理，仿佛，只有不合常理，他们才能合乎常理地与众不同。

接着说另一个湖，羊卓雍措。作为三大圣湖之一，相对玛旁雍措和纳木措来说，羊湖多了许多人间烟火的气息。成群的牛羊、湖中的水鸟、湖畔的青稞、袅袅的炊烟，时刻在昭示着：这，是真正的人间天堂！

“天上的仙境，人间的羊卓。天上的繁星，湖畔的牛羊。”虽然同是圣湖，羊湖却人间化了许多。

关于羊湖的由来，流传着这样一个故事。

相传很久以前，浪卡子县附近有一个泉眼。泉眼旁边住着一户富有的人家。这户人家有一个女佣，名叫达娃。达娃每天都要去泉眼边取水，有一天，她意外地救了一条蹦上岸的小金鱼。然后，奇迹出现了。小金鱼摇身变成了一位美丽的姑娘，为了感谢达娃的救命之恩，姑娘许诺要报答达娃，便送给了达娃一个宝贝，类似珍珠、夜明珠之类的东西。慢慢地，富人发现了这个宝贝，威逼利诱达娃说出了宝贝的秘密。

知道泉眼里住着神鱼，富人动了歪心思。他盘算着，要是抓住了神鱼，从此就有享用不尽的荣华富贵了。可是，当富人和达娃来到泉眼边时，泉眼一如既往。富人知道，不用点手段神鱼不会现身，于是，他一把将达娃推进了泉眼里。达娃很快淹没在了泉眼里，不一会，神鱼变成的姑娘出现了，十分生气，瞬间变成了倾天波涛向富人袭来，巨浪之下，富人哗地变成了一只乌鸦。波涛漫过了草原，平息之后，就成了今天的羊卓雍措。

当然，还有一说羊湖是一位仙女下凡而成的。要不然她那婀娜柔美的身姿就解释不过去了……

另外，还有一说羊湖是龙女的化身，是女护法神的驻锡地……

最后，还有一说，羊湖能够显影，能够指示转世灵童的方位。不知道看到这一说法的拉姆拉措又会作何感慨呢?

拉姆拉措，在西藏众多有名的湖泊中，真算不上什么大湖。笔者有幸见过此湖，说实话，相比玛旁雍措、纳木措这些面积上百平方公里的大湖来说，拉姆拉措实在太小了。但，在这片从古到今都信仰万物有灵的土地上，拉姆拉措以其不可抵御的传奇与神幻在西藏名湖榜上一直存在，且排名绝对靠前。

自13世纪噶玛噶举派首创活佛转世制度以来，活佛转世逐渐成了各派一致认可的传承方式。转世灵童，从此成为一个专有名词出现在藏传佛教的经册里。而拉姆拉措与转世灵童之间，有着千丝万缕的干系，注意不是关系，是干系。

每一世达赖或班禅圆寂，要寻找下一世转世灵童时，拉姆拉措的显影便成了至关重要的线索。在整个纷繁复杂的寻访过程中，拉姆拉措观湖绝对是其中最神秘的一部分。首先，观湖的人必须在藏传佛教中有一定地位，

对佛学有一定造诣，或是上密院堪布，或是活佛，或是问佛占卜时乃穷护法神指定的人；其次，观湖之前必须要进行庄严的祭湖仪式，先是诵经祈祷，然后将哈达、宝瓶、药料等投入湖中，静静等待湖中显影；最后，根据显影显示的内容去寻找灵童。

了解了观湖的程序，你肯定想知道拉姆拉措有多神。

拉姆拉措有多神？但凡达赖或班禅圆寂，要寻找他的转世灵童时，必要到此湖观显影。据说，1875 年十二世达赖圆寂时，1876 年 9 月，上密院堪布洛桑达杰受命来到拉姆拉措。洛桑达杰到达拉姆拉措时，湖面已经结冰了。但是，没一会，一阵狂风过后，湖面上的冰迅速散去。洛桑达杰将一系列仪式完成之后，几分钟内，湖面开始出现佛塔、围墙和三四层楼的房舍，并指明在东南方向。根据拉姆拉措湖给予的指示，最后在西藏拉萨东南部达布地区，也就是现在林芝市的朗县，找到了十三世达赖土登嘉措。

信或者不信，在每一世达赖灵童的寻访过程中，作为天女之魂湖的拉姆拉措总是会多多少少显影，帮助定位灵童在的方位、居住环境，但这些显影并非观湖的每个人都能看到，所以，是否真的出现显影，很多时候属于天知、地知、湖知和看到的那个人知道了。

拉姆拉措之所以神奇，除了能帮助寻找转世灵童外，还有一个原因：据说拉姆拉措能让普通人看到自己的旦夕祸福，前世今生。

这个原因很接地气，故而拉姆拉措名气很高。

世间凡人，谁不想知道自己的命运？谁不想提前预知人生的吉凶？尤其对于笃信轮回的佛教信徒来说，他们更渴望知道自己的来世。拉姆拉措的存在满足了他们这一需求。观湖的人所要做的，就是静静地坐在湖畔，放空一切，虔诚地等待拉姆拉措告诉他们想要知晓的未来。

这世间有诸多不可解释的怪异之事，拉姆拉措的显影就是其中一个。

世间万千神奇，也许真有这么一个神湖，通着天地之灵，于万物之上，算着万物的过往与未来，兴起时便泄一泄天机，用它的方式，告诉着人们一些秘密。

这样的湖，因为可能真的存在，所以格外引人关注！

青藏高原上成千的湖泊，有名也好，无名也罢，共同孕育着这片土地上的人民，神圣或者神秘，都承载着藏民族万物有灵的原始崇拜。懂得敬畏的民族是可敬也是可爱的，一如那高原湖泊，波光粼粼下，总是闪耀着最灵性的光芒……

第三节　江河

青藏高原，世界屋脊。作为最年轻的高原，它带着远古海洋的记忆，从海之底演化成了山之巅。

从此，地球第三极上，雪山连绵不化，冰川延绵不绝，它们在阳光的照耀下融化成水，汇集成了亚洲大江大河的源头。

从青藏高原出发，长江、黄河东征大海；怒江、澜沧江南下奔流；恒河、印度河西进印度洋。大江大河奔流而下，沿途创造着东亚、东南亚和南亚三块亚洲最富庶的宝地，孕育着千百年来生生不息的文明。

青藏高原“亚洲水塔”之誉，实至名归！

水，万千形态，江河承载着它的百媚千姿。

水，万物之母，江河流淌着它的生命之魂。

在西藏，有一条河，因为是世界上海拔最高的大河，故而被称为“天河”。

它流经了西藏大部分地方，孕育着雪域高原最初的文明。它有好几条支流：年楚河、拉萨河、尼洋河、雅砻河……每一条都大名鼎鼎。

它走过的地方，牧草丰美、青稞飘香、森林茂密、峡谷悠长；它走过的地方，生灵自由自在，万物安详。它是从天上流下来的河，是藏民族代代敬仰的母亲河，它的名字叫雅鲁藏布江！

对于藏民族，雅鲁藏布江可以说是一条生命之江、文明之江、希望之江。

喜马拉雅山北麓的杰玛央宗冰川深处，涌动着无数流动的小河，小河汇聚，从冰川流过，汇聚成了雅鲁藏布江之源，而这一段，被称为马泉河。

马泉河从冈仁波齐的东南方流过，经仲巴县，流到萨嘎，正式名为雅鲁藏布江。

千百年来，雅鲁藏布江就这样流淌在阿里大地上，静静地看着古象雄文明的兴衰没落，犹如看一部大戏如何开场、高潮和落幕。静默中的古格王朝、残缺的穹窿银城、自然神化的札达土林，和它一起，看着这片土地上曾经的历史风云。

多少人事看一江？古来风云皆黄土！

雅鲁藏布江管不了王朝兴衰，它只能管着自己的方向。它要向东继续前行！一直向东，从仲巴县里孜村开始，雅鲁藏布江进入中游，而这一段，孕育着西藏最富庶的地方。

雅鲁藏布江中游宽谷、峡谷交错。如果在高空中俯瞰，你会发现雅鲁藏布江此段形如一串闪耀着银光的串珠，珠子大小不一却同样神圣熠熠。蓝宝石般的江面，泛着金光的沙洲拥抱相间，水势时而和缓，轻抚大地，时而湍急，抽打陡壁。

青藏高原的夜静谧、澄澈，星空下，你看那串珠的沿岸，城市的灯火格外耀眼，西藏首府拉萨、西藏第二大经济文化中心日喀则、山南泽当镇、江孜古城……它们熠熠闪耀在这片灯火中，昭示着雅鲁藏布江对这片古老高原的无上恩泽。

雪域高原温暖又漫长的文明发展史源自这里。雅鲁藏布江沿岸、年楚河、拉萨河、雅砻河、尼洋河等巨大支流，蜿蜒百回间，流淌出了支撑雪域高原文明发展的宽广平原。肥沃的土地、便捷的灌溉条件，因为富庶，这片古老大地的生灵慢慢集中到了这里，文明由此而生。勤劳的藏民族，利用雅鲁藏布江的恩赐，在这里繁衍发展，从此良田交错、牛羊成群、青稞飘香。文明的发展在延续，随着雅鲁藏布江的几条主要支流向高原的各个方向延伸，构成了这神奇土地上文明的主动脉。

从派镇到墨脱县巴昔卡村，是雅鲁藏布江在我国境内的下游段，出了巴昔卡，雅鲁藏布江将不再称之为雅鲁藏布江了。这一段，雅鲁藏布江不再向东，而是骤然急转向南，奔腾咆哮着进入了神秘莫测的高山峡谷。而这个骤然急转的地方就是声名赫赫的雅鲁藏布江大拐弯，而这高山峡谷就是世界上最深最长的雅鲁藏布大峡谷。

雅鲁藏布江大拐弯，值得详细介绍。

相传，“神山之王”冈仁波齐有四个孩子，分别是东方的马泉河（也就是雅鲁藏布江）、北方的狮泉河、西方的象泉河和南方的孔雀河。

四个孩子在父亲的庇护下，快乐地成长。斗转星移、时光飞逝，孩子们长大了，要离开父亲宽广的胸怀去外面的世界闯荡。此时他们像父亲一样，拥有了强健的体魄、王者的霸气，尤其是马泉河更为强壮，也更为倔强。

四个孩子各不服气，都想证明自己将是最棒的一个。于是他们约定，从不同的方向出发，看谁先到传说中的印度洋。马泉河觉得不经历艰险直达大洋太没面子，于是凭借着对自己强壮身体和奔跑速度的自信，选择了最远的一条路，向东走。

四个孩子出发了，各自向四个方向迈着坚实的步伐奔跑，风餐露宿、马不停蹄、千磨百炼，仰望着星空，都坚信自己将是最早到达赴约之地的一个。

一路奔跑，马泉河给自己换了一个更正式的名字——雅鲁藏布江。它在奔跑中时而安静从容一往无前，时而捶山大喊助威加油。历经艰险来到了工布地区，此刻，雅鲁藏布江很想知道另外三个兄弟姐妹的行程，于是他不停大喊：“印度洋中是否已有我的兄弟到达？”一只南方飞过来的小鹞子，看着奔跑中的雅鲁藏布江，就想戏弄他。小鹞子告诉雅鲁藏布江：“我刚从南方的大洋过来，在那儿看到一位和你长得很像的大汉。”

信念构筑的强大自信在一瞬间几近崩塌，雅鲁藏布江猛地刹住了向东的脚步。清晨的南迦巴瓦峰泛着万道金光，从雅鲁藏布江的脸庞上轻柔拂过，抚慰着雅鲁藏布江悲愤的心情。

已失第一，不能再丢第二，雅鲁藏布江恢复了理智。看了下南来的小鹞子，他停住了东行的脚步，骤然掉头南下，大拐弯由此而生。此时的雅鲁藏布江是愤怒的，他甚至故意与阻碍他的世界为敌，南下的路，哪里越陡峭险峻，他就越是冲击搏打那里，终于在千山万谷中拼出了一条宏大险峻的路，这就是后来的雅鲁藏布大峡谷。

结局仍然是美好的。匆匆到达印度洋的雅鲁藏布江发现，几乎同时，其他三兄妹都抵达了印度洋。他们都不再是孩子，历经岁月沧桑，他们已把曾经的赌约抛在脑后，更多的是重逢的欣喜，他们兴奋而激动地拥抱在了一起。在他们的身后，是一路奔跑灌溉出来的南亚次大陆，在世界文明的版图上熠熠生辉至今。

千百年来，传说与现实互为呼应，书写着雅鲁藏布江的传奇，也书写着南迦巴瓦的故事。

在大拐弯的两侧，耸立着两座山峰，那就是有名的加拉白垒峰和南迦巴瓦峰。两座山峰犹如两个巨大的门神，守卫着雅鲁藏布大峡谷的入口，而关于他们的传说，则更为生动有趣。

相传，南迦巴瓦峰和加拉白垒峰本是兄弟，天帝派他俩镇守东南，也就是雅鲁藏布江大峡谷这块地方。兄弟俩本来相安无事，但随着弟弟加拉白垒越长越大，越来越高，天资聪颖加上后天勤奋，加拉白垒的名望也越来越大。作为哥哥的南迦巴瓦十分不满，由妒生恨，最后，南迦巴瓦趁弟弟不注意，割下了加拉白垒的头颅。南迦巴瓦杀了自己的亲弟弟，自然难逃上天的惩罚，为了让他弥补自己的罪孽，天帝罚他永远站立在雅鲁藏布江边上，陪在加拉白垒身边日日忏悔。

传说仍在流传，俊美的南迦巴瓦峰并未因为传说而失掉人们的爱戴。作为中国最美的山峰，峰顶常年云遮雾盖，真面目难得一见。而它守卫的雅鲁藏布大峡谷，更是雄峻、险奇、突兀，犹如被某位天神用巨斧辟出的一块大缝，又犹如某位搞怪的画师在画布上突然加重色彩抹成的神奇一笔。

从海拔7000米的山峰倾泻而下，至200米不到的巴昔卡村，雅鲁藏布江在6000多米的高空落差中奔流南行。正因为海拔的差异，在这里，你可以轻松感知一山四季、百里不同天的神奇之旅，从高山冰雪气候到热带季风气候，这中间孕育着万千的变化，而万物也在这变化中更加神奇美妙。

墨脱就是其中最为著名的代表。

深藏于雅鲁藏布大峡谷中的墨脱，沿雅鲁藏布江分布，来自印度洋的暖湿气流沿着河谷逆流而上，带来了丰沛的降水和足够的温度，使得墨脱这朵秘境莲花在热带、亚热带气候的滋润下格外妖娆美丽，竹林密密、谷米飘飘、芭蕉曳曳，这个游客的“世外桃源”，历来是无数人向往的美丽天堂。

关于雅鲁藏布江，就说到这里，因为在苍茫茫的青藏高原，并非雅鲁藏布江一条大河。

青藏高原的东北部，几条大河发源于此，他们一路向南，奔腾咆哮，出高原后，更是如几条猛龙般在横断山脉硬生生地切凿出几条平行峡谷，蔚为壮观。

这几条大河是金沙江、雅砻江、怒江和澜沧江，在青藏高原，他们被合称为“四水”。

大河奔流，每一条都有自己的渊源。

万里长江万里长，你可知它的源头在何方？也许金沙江并不那么有名，可是提到母亲河长江，我想中华儿女无不知晓。是的，金沙江就是我国第一大河长江的上游。

2000 多年前，史书《禹贡》记载，金沙江被称之为黑水，其正式得名源于宋代，因沿河盛产沙金，“黄金生于丽水，白银出自朱提”，大量淘金人开始称其为金沙江，并沿用至今。

金沙江从唐古拉中段的格拉丹东发源，在青海玉树流入横断山脉，玉树至四川宜宾岷江入长江处称之为金沙江。“金沙水拍云崖暖，大渡桥横铁索寒”，毛泽东同志这首《长征》可谓写出了金沙江的雄奇险峻，当然还有长征的艰辛与不易。

翻看中国行政地图，可见金沙江在西藏自治区和四川省之间流淌，是两个省级行政单位的天然界河。金沙江出川藏后入云南，在石鼓地区由东南流向急转成东北方向，形成长江流向的一个急剧“U”型大弯道，被称为“万里长江第一弯”。

而金沙江的最大支流是雅砻江。雅砻江发源于青海巴颜喀拉山南麓，藏语名为“尼雅曲”，意为“多鱼之水”。雅砻江以石渠县为节点，上游称为石渠河，下游称为雅砻江，在四川省攀枝花市汇入金沙江。但在横断山脉，其与金沙江、怒江、澜沧江并行南流。

并行的怒江又称潞江，在青藏高原被称之为那曲河，发源于唐古拉山南麓，流经青藏高原、横断山脉。横断山区的怒族人民将怒江称之为“阿怒日美”，“阿怒”指怒族人，“日美”汉语意思为江，合在一起意为流淌在怒族人居住区域的江。出国境后，怒江进入缅甸，改称萨尔温江。“一滩接一滩，一滩高十丈”，怒江两岸危崖很多，江水昼夜不停冲击横断山脉，形成了一条山高、谷深、奇峰秀岭的巨大峡谷，这条大峡谷仅次于雅鲁藏布大峡谷和美国的科罗拉多大峡谷，排名世界第三。

同样发源于唐古拉山的澜沧江，发源地紧邻长江上游的通天河，藏语称为“拉楚”，意为“獐子河”。澜沧江和怒江自北往南并行而流，但怒江上游水流湍急，下游水流缓慢，而澜沧江则上游水流缓慢，下游水流湍急。澜沧江有名，多半由于其作为国际河流的身份。出国境后，澜沧江被称为湄公河，流经缅甸、老挝、泰国、柬埔寨，在越南的胡志明市流入大海，是东南亚第一大河，也被称为亚洲的“多瑙河”。

金沙江、怒江和澜沧江并行南下，一路灌溉，大河两岸的人民得以繁衍。饮水思源，人们也给他们编织出许多美丽的神话。

相传，很久以前，在青藏高原的东北部，有一个富裕的家庭，家里有三个女儿、两个儿子。大姐叫怒江，二姐叫澜沧江，小妹叫金沙江，大哥则叫玉龙，小弟叫哈巴。三个女儿聪明美丽，两个儿子刚健有力，五个孩子朝夕相伴，愉快地生活在一起。

一天，三个姐妹突然听说，父母要将她们一块嫁到西方去。三姐妹急了，她们不想被嫁到西方，因为她们的心上人生活在南方和东方。

父母之命，三姐妹不敢公然违抗。聪明的小妹金沙江灵机一动，想到一个办法，偷偷告诉了大姐、二姐，三姐妹相视一笑，打定了主意。

出嫁的日子就要到了，头一天，三姐妹认真梳妆打扮自己，父母很满意，心也就放下来了。第二天，当迎亲的队伍来到家门口时，父母突然发现三个女儿一起消失了。母亲哭成了泪人，父亲羞恼成怒。

父亲找来儿子玉龙和哈巴，让他们带上武器追回三姐妹。玉龙带剑，哈巴挎弓，日夜兼程、不惧风雨，终于走在了三姐妹前面，在她们追寻爱情的分叉路口，以逸待劳等着她们。

遇见了两个兄弟，三姐妹发现无论怎样，他俩都不答应放行的请求，于是急中生智想了一个办法。三人轮流唱起玉龙和哈巴喜欢听的山歌，连唱十八首，两兄弟在悦耳的山歌中昏昏睡去，于是三个姐妹偷偷从两兄弟的脚掌间溜了过去。

分别的时候到了，大姐怒江、二姐澜沧江要去南方，小妹金沙江要去东方。含着离别的泪水，彼此祝福之后，三姐妹各奔前方，朝着朝思暮想的爱人奔去。

玉龙和哈巴醒来，发现三姐妹已经过去，非常懊恼，正愁该如何回去向父母交代。这时，天空突然乌云滚滚，电闪雷鸣，不好，原来北方来了个魔王，他要去抢三个姐妹随身带着的珠宝。亲情的力量让两兄弟奋不顾身，勇敢地挡在了魔王的面前，与魔王展开恶战。玉龙的剑砍缺了十三块。哈巴的弓连续射出十二箭，没能射死魔王，反被魔王砍掉了头。看着哈巴的头在地上打滚，玉龙难过极了，使出浑身的力气向魔王刺去，终于将魔王杀死。玉龙看着没有了头的哈巴，悲痛万分，泪水不断流下。

三姐妹对爱情的执着，两兄弟对亲情的珍惜，感动了上天。一道金光从乌云滚滚的空中射出，将玉龙和哈巴化作了皑皑雪山，玉龙成了美丽的玉龙雪山，哈巴因为没有了头，成了没有山峰的哈巴山，三个姐妹变成了三条最漂亮的大河，一路向南、向东奔去，最后历尽艰辛，最终都找到了自己的真爱和幸福。

神山、圣湖、江河的传说到这里就讲完了。

传说永远是传说，神话也罢，人话也罢，它终究承载着古老民族的记忆和信仰。就像那首《斯巴宰牛歌》里对天地万物由来的猜想，对万物有灵的信仰，对超越生死的追求与向往，让人们在传说的世界里徜徉。

听，远古的风还在吹，哼着天地混沌之初的曲调，带你走进这壮美的山河，听神山圣湖江河亘古的传说……

第六章　不朽传奇

三五穷荒月，还应照北堂。

回身向暗卧，不忍见圆光。

这首《吐蕃别馆月夜》，是大唐侍御史吕温（公元 804—805 年）出使吐蕃留居逻些时的思乡之作。

淡泊明志，宁静致远。高远苦寒的青藏高原孕育了坚韧的藏族人民和别具一格的藏文化，养育了忠诚的藏獒和凶猛的雄鹰，她所承载的历史故事更是丰富了许多艺术家的灵感天堂。

默默矗立数千万年的青藏高原，究竟留下了多少传奇？

第一节　周穆王西征与西王母

八骏：赤骥、盗骊、白义、逾轮、山子、渠黄、骅骝、绿耳，是世界最早被记载的名马。造父，赵国始祖，是西周最著名的驭手。

周穆王使造父驭八骏，西巡狩，乐之，忘归。

同样是妇孺皆知的周王。烽火戏诸侯，幽王留下千古笑柄。欲肆其心，周行天下，穆王演绎了千古传奇。幽王继承了昏庸帝王的不二品质，游戏江山。穆王开创了伟大帝王的传统爱好，巡狩封禅。

古人把所不能解释的现象和不能掌控的事情归因于天，以天帝为最高崇拜。而离天最近的高山就是沟通人与神的地方（山岳配天），是天帝的下都，是世间众神居住的地方。因此，自黄帝始，望山川，遍群神就是有为帝王备忘录上的一件大事。

作为天帝在世间的代理人，天子巡视四方，封土祭祀，以显示征伐伟业，威慑四方诸夷。封土以增天之高，通过祭祀将文治武功归功于天。这是那一时期历史背景下的意识形态。

东有泰山，西有昆仑。

昆仑山是中华文明史上最早的下都，这里有黄帝封禅之丘，所建之宫室，也有帝尧、帝喾所封之丘。作为华夏正统王朝的王，周穆王欲追随祖先的脚步，且对轩辕黄帝宫神往已久。

在有关周穆王西巡狩的记载中，有几个地名常为后人道，那就是昆仑山、弱水、仙海和盐池。当时所谓的昆仑山不是现在所说的昆仑山，是祁连山，弱水是黑河，仙海是青海湖，盐池是茶卡盐池。传说昆仑山不仅有轩辕黄帝宫，还有让周穆王乐之忘返的西王母。

※ 炎黄故土

周穆王西巡前约1700年，在阪泉发生了一场大战，对阵双方是黄帝和炎帝。文明之间以残酷的方式交相融合，阪泉之战奠定了中华文化发展的根基，炎黄成为华夏文明的符号。

阪泉向西千余公里，是古羌人繁衍生息的地方。羌，从羊。古羌人以羊为图腾，是游牧文化的代表，是华夏文明远古形态的主要缔造者。在以青藏高原为核心的西南西北地区，古羌人分布极广，其中就包括孕育了伏羲、神农和黄帝的地方——今甘肃天水。

这里是马家窑文化（新时期时代）、齐家文化和卡约文化（青铜时代）的势力范围，是华夏文明的重要发祥地。青海的河湟流域见证过“专治各种不服”（以征不享）的轩辕黄帝沉重的脚步声。

随着政治经济中心的东移，一部分古羌人成为华夏族的核心，留下的逐渐边缘化了。到了殷商，在甲骨文中，羌即奴隶，是人祭、人殉的首选。西方的羌人成为华夏族征伐奴役的对象。

到了周朝，华夷之辨渗透进社会各个层面。因为华夏贵胄是姜姓，通羌，因此，西羌便被戎狄所取代。

女儿国，一个只存在于神怪小说中的国家形式，其实是母系氏族社会的文学形象。让周穆王乐之忘归的是西王母，西王母是女儿国的王，更是众所周知的王母娘娘。

历史会在文明中划下深深的印记，生还熟，远还近。民俗学和历史学间的关系有时就是这么暧昧。

西王母是谁？在《穆天子传》中，常有“西膜之所谓”之说。西膜，是一个古羌语词，是古羌人母系氏族部落的自称，也是部落联盟首领的他称。西膜即西王母，她不是一个人的特指，是西戎国家的影子，是周王朝对遥远的西方世界的神话。

西王母，最早见于殷墟甲骨文卜辞“燎祭西王母”。可见，商朝对西王母存在某种程度上的崇拜，算是一种怀旧，是对母系氏族社会的一种情结。三皇是母系和父系氏族社会的分水岭，主导了华夏文明的前进方向。周穆王代表着东迁的古羌人，是周王朝的天子。西王母代表着留在原地的古羌人，是母系氏族部落联盟的王。

西王母之邦在哪里？在青藏高原昆仑、祁连两大山脉间，核心在青海河湟地区（羌西北至塞外，有西王母石室，北则湟水所出，东至允吾人河——《汉书·地理志》）。

这里发现有世界最早的面条，有从旧石器时代至铜器时代的文化遗址。可以说，西王母之邦是轩辕黄帝的娘家，是华夏族的遗迹，一直保持着母系氏族的社会形态。

※ 穆王西征

公元前 976 年，55 岁的周穆王即王位。此时，周王朝同临近西戎诸部关系开始恶化，西部诸羌停止了对周的朝贡（戎狄不贡）。这是对周王朝主权地位的蔑视，周穆王很生气。

通过两次西征，周穆王大败西戎各部，俘虏五个王。西征后，穆王得到一个奇人，或许是个魔术师，专业点说是一个萨满巫师。穆王像神一样供着他。但穆王的宫殿、乐队、膳食都没有得到他的欣赏，连洒满香水的美女都被视如敝履。巫师为穆王幻化了一个人间所没有的世界，一个几乎不能描述出来的世界。

好奇心是个好东西。穆王要去实现自己的理想了。

公元前964年，选了个好日子，带上随从和七队精锐勇士，造父驾着八骏载着这位意气风发的老王出发了。

“天子西征，至于鄘人……豹皮十、良马二六……使井利受之……西钓于河……猎于渗泽……祭于河宗……至于阳纡之山……束帛加璧……使啸父受之……乃至于昆仑之丘……”（《穆天子传·卷一》）

一路游山玩水，一路接受朝贡，周穆王到了轩辕黄帝宫，以最高礼节进行了祭拜，以将其文治武功昭显于后世。（吉日辛酉，天子升于昆仑之丘，以观黄帝之宫，而丰隆之葬，以诏后世。癸亥，天子具蠲齐牲全……《穆天子传·卷二》）

西征西征再西征，公元前959年，周穆王到了西王母之邦。这是一个穴居的世界，一个以猛兽为图腾的部落联盟。除了精美玉器，啸声犀利的西王母的身上还装饰着虎齿豹尾。

双方初次见面，彬彬有礼。

“吉日甲子，天子宾于西王母。乃执白圭玄璧以见西王母。好献锦组百纯……西王母再拜受之……”（《穆天子传·卷三》）

天子为宾，执白圭玄璧。西王母为主，在瑶池设宴。

周穆王，一个以旅行家留名青史的王，一个四处征伐开疆拓土的王。虽然穆王好游猎，但不荒废政事。不过，铁笔史官还是为他记上了重重的一笔，至少为了他的那些被冷落的妃子们。

“穆王不恤国是，不乐臣妾，肆意远游，命驾八骏之乘……宾于西王母，觞于瑶池之上……”（《列子·周穆王》）

不乐臣妾，肆意远游。说的也不是没有道理。

穆王要走了，送君千里终须一别，西王母为穆王谣："白云在天，山陵自出。道里悠远，山川间之。将子无死，尚能复来？"（《穆天子传·卷三》）

周穆王承诺："予归东土，和治诸夏。万民平均，吾顾见汝。比及三年，将复而野……"（《穆天子传·卷三》）

西王母担心路途遥远险恶，祝愿周穆王身体健康，并邀请再来。

周穆王承诺把国家治理好了，用不了三年就会再来。

植树（封山）、立碑（刻石），周穆王走了，没有兑现承诺，再也没有回来。因为王摊上大事了。

周穆王时，东方有一徐国，地方五百里，四方诸侯朝于徐者三十六国，其自称徐偃王。利用穆王西巡并带走精锐部队的机会，徐偃王联合东方九国伐周。得到祭父的情报后，穆王命毛班、逢固先行，使造父御，长驱归周，一日千里（77 米 / 周里）以救乱。

好在有楚国率兵勤王，周穆王很快平息了事变。

周穆王周行天下，四处征伐，拓展了周文化的影响力，使华夏文明进一步传播开来。通过与周穆王相会，西王母为自己部族落后的生产方式和文明形态愧疚，并念念不忘自己是轩辕黄帝之后。

如歌所言："比徂西土，爰居其野。虎豹为群，於鹊与处。嘉命不迁，我惟帝女。彼何世民，又将去子。吹笙鼓簧，中心翔翔。世民之子，唯天之望……"（《穆天子传·卷三》）

鉴于深厚的历史关系，西部诸羌同中原王朝之间联系紧密，虽然互有杀伐。在克商的牧野之战中，周武王的联军序列里就有羌人部族武装。因此，周穆王爽了约，但西王母却没有。

据《竹书纪年》记载，西王母来见，宾于昭宫。

西王母要以帝女身份，看望周王。

这是文明交融的见证，是政治融合的地平线。

※ 多元一体

马林诺夫斯基有一个学生，他是费孝通。费孝通有一个著名的理论，就是中华民族多元一体论。通过不休止的战争，西羌、东夷、三苗、九黎融合成了华夏，炎黄成为始祖。

由于造父车驾得好，周穆王把赵城封给了他，这就是赵国和赵姓的由来。造父同族的秦非子因马养得好获封秦谷，建立了秦国。后来的事众所周知，秦国灭了战国六雄，顺手灭了东周，一统天下，彻底终结了封土建国的时代。这就是历史的轮回。

文化即人化，定义简单但很贴切。

秦二世而灭，就有了汉。

经战国时期的过渡，秦汉时期，西王母之邦已完全进入父系氏族社会，王权开始集中，农业文明日渐发达。

秦汉时期，崛起于蒙古高原的匈奴人成为中原王朝的长期作战对象，并逐渐向西王母之邦侵蚀。

汉武帝时，为了切断西羌与匈奴之间的联系，中原王朝进兵湟中。元狩二年（公元前 121 年）夏，骠骑将军卫青逾居延海，过小月氏，攻祁连山，斩首三万二百级，擒获匈奴五个小王。

随着军事征服和文明传播，西王母之邦开始建制，汉时设立西海郡，辖五县。西王母的子孙开始再次分化，迁徙至甘肃、陕西、宁夏的西羌部民成为了东羌部民。魏承汉制，设立西平郡。

四世纪初，西王母的子孙见到一群破衣烂衫的人自北向南蜂拥而至。他们来自辽东，是鲜卑人。这是一群政治流亡者，是王位继承斗争的失败者，他们的头人是吐谷浑。

吐谷浑反客为主，统治了西王母之邦，至其孙建国吐谷浑。羌人被排挤至边缘地区。至隋朝，中央灭吐谷浑，设河湟郡。唐承隋制，设鄯州。之后，西王母的子孙开始经历腥风血雨般的融合。

六世纪上半叶，在古羌人的生活的核心区域，青藏高原诞生了一位伟大的征服者——松赞干布。他建立了统一的吐蕃政权，权力覆盖了河湟地区。西王母之邦见证了唐蕃大战，走过了吐蕃权相禄东赞，走过了文成公主，也走过了大唐使节吕温。

西王母的子孙开始深度融入藏民族的历史和文化。

历史的轮回是无情和不可回避的。安禄山涤荡了大唐的荣耀，朗达玛葬送了吐蕃的江山。因朗达玛灭佛，乌斯藏地区的佛教僧侣和教徒纷纷四散逃命，其中就有不少僧人携带大量律藏经典到了西王母的故乡，继续修行。这里成为藏传佛教后弘期的策源地之一。

在北宋和西夏、辽不停地征战厮杀时，吐蕃文明已经深深渗透进西王母子孙的血脉之中。这时，吐蕃后裔唃厮啰被羌人拥戴，在青唐（西宁）建唃厮啰国。在其东北方，有古羌人的一支，党项羌建立的国家——西夏。在西夏的武力威胁下，公元 1032 年，唃厮啰向北宋输诚，被封宁远大将军，开始茶马互市，发展贸易。

公元 1065 年，唃厮啰去世。之后，除了公元 1099—1127 年北宋短暂统治时期（设立西宁州、屯田），河湟地区陷入混乱，直到元朝。

蒙古人崇信藏传佛教，河湟地区佛教氛围日渐浓厚，建立了许多寺庙，其中最著名的就是藏传佛教六大寺院之一的塔尔寺。

塔尔寺因宗喀巴而建。

公元 1357 年，朱元璋的灭元战争正进行得如火如荼，宗喀巴在湟中降生了。这时的藏传佛教开幕府、列钟鼎，生活糜烂、戒律堕落。具备清教精神的宗喀巴严肃宗教戒律，严格修行次第，创建了格鲁派。

清初，一些受到清军打击的蒙古部落从新疆移牧青海，取得了统治地位。雍正时，青海蒙古人势力受到年羹尧的毁灭性打击，势力渐衰。由于蒙古人对色目人的倚重，发展到这一时期，伊斯兰文化逐渐渗透到西王母之邦的各个角落，河湟地区的多元文化逐渐成熟。

除了宗喀巴，西王母之邦还走出过许多名人，比如根敦群培和十世班禅喇嘛，当然还有后文经常要提到的十四世达赖喇嘛。

还有一个人，一个门巴人，曾在这里圆寂。他是仓央嘉措，六世达赖喇嘛。被定为五世达赖喇嘛的转世灵童时，仓央嘉措已经 14 岁了。他不是一个在寺院之中长大、通过诵经学习的人。

仓央嘉措让世人领略了玛吉阿米之美，玛吉阿米让仓央嘉措的情诗超越了国界。公元 1705 年，因为挑战蒙古和硕特部权力失败，拉藏汗向康熙帝奏请仓央嘉措不守清规，是假达赖，请求废立。

康熙帝准奏，命令将仓央嘉措解送回京。

公元 1706 年，在被押解至青海湖畔时，仓央嘉措打坐圆寂了。但民间有更多仓央嘉措仍然活着的传说。但愿如此，更愿仓央嘉措没有去五台山，而是在西王母子孙之中终老。

中华文明是多元一体的，由内地农业文明、北方游牧文明、高原农牧文明和西北沙漠等亚文明构成。各民族、地域的亚文明丰富了中华文明，是中华文明的血肉。

同时，每个亚文明也是多元一体的。

就西王母之邦来说，通过几千年的征战、迁徙、分化、融合，各种文明在这里相互交融，黄河文明、北方草原的游牧文明、四川盆地的巴蜀文明、云贵高原的滇黔文明等，物质的、文化的、精神的，日渐丰满，形成了多民族多宗教融洽相处的和谐格局。

最重要的是，这里形成了独特的藏文明形式——安多文明。

同中华文明的多元一体一样，藏文明也是多元一体的，不是单一的、均质的。乌斯藏、康巴和安多三大亚文明各不相同，各有特色。藏文明的主要载体——藏传佛教，也是五大教派多元一体。

虽然殊途同归，从古羌人中走出了包括藏汉等一众民族。但无论是人类学、民族学、考古学，还是历史学、语言学的研究成果，都将西王母的子孙同周穆王的子孙紧密联系到了一起。

毛主席说过，各个少数民族对中国的历史都作过贡献。在漫漫历史长河中，各民族共同开拓捍卫了祖国的辽阔疆域，共同创造丰富了中华民族灿烂的文化。自古就生活在青藏高原的古羌人丰富了中国历史，丰腴了中华民族，丰满了中华文化。

※ 西王母的神话

周穆王近三千年后，青海湟中县出土了一个卡约文化（公元前 900-600 年）时期的青铜器，犬戏牛鸠杖，器形为一巨鸟，其长喙上铸有两头正在哺乳的牛和一条猛犬。

西王母近三千年后，青海省海北州天峻县关角乡二郎洞附近发现了一座规模较大的古代建筑遗址。这是东晋永和元年（公元 345 年）前凉修建的西王母寺。旁边的二郎洞由前后主洞和三个偏洞组成，共计 113 平方米，四季恒温、冬暖夏凉。

这或许就是文献记载中西王母的权杖和接待周穆王的石室。

卡约文化即西王母文化、古羌人文化。除了犬戏牛鸠杖，在湟源卡约文化遗址中还发掘出黄帝四面铜像。在湟源与青海湖之间，发现有数量众多、适合居住的密集洞穴。当地民间除了流传有西王母的传说外，还尊其为西海（青海湖，即瑶池）海神，并进行祭拜。

周穆王和西王母的不朽神话，见证了交融的历史，为历史地理研究提供了参考，为文学艺术创作提供了灵感。

周穆王宾于西王母，觞于瑶池之上。西行取经的唐僧误饮子母河水，腹中有了胎气，还差点被逼了婚。穆王的车驾通过鱼、龟搭起的桥通过了连羽毛都浮不起来的弱水，唐僧也被老鼋驮过通天河。

两个西游记，历史浇灌了文学，文学活泼了历史。

后来，西王母成了王母娘娘，成为天界的第一夫人，成了全真道祖师。周穆王也因此沾了仙气，羽化成仙了。

由人到神，从竹简到神龛。像一根线，连上下千年东西万里。这就是历史文化的魅力。

西王母的家乡，青藏公路上，青海湖边，追随周穆王的脚步，越来越多的人一路西行，为的就是欣赏不拘一格的地理人文，感触不朽的传奇故事。再西行，就是阿里，就是克什米尔。那里有象雄文明，有阿里三围，有勃律古道，有洒满大唐将士热血的古战场，还有伊斯兰化了的藏族先民。

第二节　勃律与巴尔蒂斯坦

克什米尔，闻名于世的火药桶。

兴都库什山、喀喇昆仑山和喜马拉雅山脉的雪山冰川没能够阻挡征服者的脚步，无数民族在这里驻足，从这里南下，为印度深深打上了民族博物馆和宗教博物馆的印记。

史前时期游牧而来的尼格罗人、原始澳大利亚人、蒙古利亚人构成了印度次大陆人民的主体。

公元前 1500 年左右的雅利安人毁灭了印度河流域的哈拉巴文明，奠定了以婆罗门教为核心的种姓制度。

公元前 4 世纪下半叶，亚历山大的东征带来了希腊的雕刻艺术，希腊化的犍陀罗艺术为佛教偶像化提供了条件。

18 世纪初至 19 世纪中叶，阿拉伯人、波斯人、突厥—阿富汗人和蒙古—突厥人先后南下，伴随而来的伊斯兰化撕裂了次大陆。

这里是政治、文明间交锋的锋线，积攒了充足的火药。

但是，克什米尔有一个长期住户——古羌人。他们以其重要的战略地位和独特的文明形式在历史深处留下了深深的印记。

他们和他们的故事被湮没了太久。

直到上世纪八十年代初，一个巴基斯坦的学者为中国藏学界带来了这样一个消息：在巴控克什米尔北部地区，有一个地方不仅一直传唱《格萨尔王传》，更被称为“小西藏”。

※ 文明使者

“飞雪连天射白鹿，笑书神侠倚碧鸳。”

这其中的“倚”，就是《倚天屠龙记》。

在《倚天屠龙记》中，有一个很牛掰的教派——明教。

金毛狮王，金庸笔下最威猛的人物；韦一笑，金庸笔下轻功第一高手。

他们共同的身份，是明教护法王。

在小说中，明教教主张无忌有一个得力的助手，朱元璋。朱元璋利用明教的势力建国，取国号为“明”。

明，源自对火的崇拜。

火的使用和崇拜被普遍认为是人类文明史上的里程碑，东方有夸父逐日的传说，西方有普罗米修斯盗火的神话。

但这只是开头，不是结果。

以中国为代表的东方文明政治早熟，宗教从属于政治；除此外的世界其他地区大多宗教早熟，政治从属于宗教。

公元前 6 世纪初，在大陆岛的核心，中亚地区产生了世界上最早的一神论宗教，以火（光明）为崇拜的琐罗亚斯德教。

居鲁士大帝（公元前 550—529 年）开启了波斯帝国波澜壮阔的历史，经冈比西斯二世（公元前 529—522 年）和大流士一世（公元前 522—485 年）不断地向东拓展，印度河流域被纳入帝国范畴。

公元前 522 年，为了粘结帝国破碎的政治、文化和民族板块，大流士一世独尊琐罗亚斯德教，建构了自上而下的意识形态体系。

琐罗亚斯德教对世界大多宗教都有不同程度的影响，但无论是何种变体，都对政治表现出一贯的浓厚兴趣。

经粟特、回纥人传入中国后，琐罗亚斯德教被称为摩尼教、袄教或拜火教，尊东汉末黄巾起义军领袖张角为始祖，五代后梁末的母乙和北宋末的方腊都以摩尼教为旗号揭竿造反。

正因如此，琐罗亚斯德教在中国长期以邪教之名被禁，安史之乱后才得以发展。也因如此，摩尼教经常成为起义造反的旗号。另一个名垂造反史册的教派——白莲教，也有琐罗亚斯德教的基因。

元末，韩山童、刘福通也是用摩尼教（明王出世）的名义聚众反元，朱元璋也是顺应这一大势建立明朝。

金庸先生学贯中西，对历史元素的把握精准到位。

在后来演绎过程中，琐罗亚斯德教对以出世闻名的佛教的改造堪称经典，这其中，一个叫勃律的地方起到了桥梁的作用。

勃律，即今巴控克什米尔的吉尔吉特——巴尔蒂斯坦特别区，位于波斯帝国的东部边疆、青藏高原的西陲。

《汉书·西域传》有关难兜国的记载，最早涉及到这一地区，称其“王治去长安万一百五十里……种五谷，蒲陶诸果”。

公元 2 世纪时，古希腊地理学家托勒密在其《地理志》中提到这里一个叫 Byltae 的民族，以游牧为生，无城廓，穴居或林居。

公元 403 年，法显第一次留下了勃律的记载，称其为钵露罗。

可见，在公元前后数百年，这一地区长期存在一个稳固的政治实体。勃律是巴尔蒂斯坦的他称，巴尔蒂斯坦是巴尔蒂人的自称。

勃律的东方是象雄。

象雄文明于公元前 4 世纪建立。在此前后，波斯第一帝国（公元前 550 年—334 年）为马其顿人的统帅亚历山大所灭，勃律并入象雄。

这一时期，琐罗亚斯德教已在勃律广为流传。

在借鉴琐罗亚斯德教的基础上，本教逐渐完善并成为象雄的国教，对世俗生活和政治工作表现出极大的兴趣和能动性。

意大利藏学家图齐在《西藏的苯教》一书中考证指出：本教的著名大师及其教理编撰者大多来自勃律及其附近地区。

鉴于勃律在本教发展中的重要地位，巴基斯坦学者优素福认为勃律不仅是象雄故地，还是本教真正的诞生地。

在征服象雄后，本教成为吐蕃的第一宗教，是藏文明的根基，成为左右吐蕃政治发展的一支重要力量。

本教对世俗生活的全面渗透和对政治生活的高度参与，严重挑战着吐蕃赞普的权势。自松赞干布起，历代赞普就致力于引入佛教以为制衡，意图在树立自身权威的同时，建构一个自上而下的文化和信仰体系。

但是，到了公元 8 世纪初，慧超看到的大勃律“属于吐蕃所管……有寺有僧，敬信三宝”，而吐蕃“总无寺舍，不识佛法”。

可见，在松赞干布近一百年后，佛教仍没有冲破本教的枷锁，并未完成对世俗社会的有效渗透。

吐蕃历史的终结以朗达玛灭佛为标志。

佛教的大发展和藏传佛教的形成，是在后弘期完成的，而勃律所在克什米尔地区是后弘期的策源地之一。

虽然佛本之间相互排挤、冲突，但也相互学习、借鉴。经一千多年的发展、演绎，本教被广泛认为是藏传佛教的一个教派，而藏传佛教则演变成为佛教界的一朵奇葩——高度入世、政教合一。

公元前 327 年，亚历山大（公元前 336 年—323 年）的兵锋抵达印度河。虽然最终止步于此，并且四年后大帝便因病身亡了。但他所建立的殖民地却为克什米尔带来了长达 200 多年的希腊化时期。

希腊化的思辨哲学和雕像艺术加速了佛教的发展和成熟。

从现有宗教遗迹来看，曾广泛信仰琐罗亚斯德教、婆罗门教、本教和佛教的勃律在其中扮演的不是一个可有可无的小角色。

勃律，一个厚重的名字，除了传递文明，它还有另外一个历史定位，战略要道，并因此经历了不应属于它的征战和厮杀。

※ 勃律古道

唐朝初年，太宗李世民涤荡了控制西域的西突厥汗国，贞观 14 年（公元 640 年），置安西都护府，辖龟兹、疏勒、于阗、碎叶四镇。

与此同时，阿拉伯帝国在西亚崛起，并于公元 651 年攻灭波斯第二帝国（公元 226—651 年），设置呼罗珊总督府作为经营东方的机构。

为了应对阿拉伯帝国对西部边疆的威胁，公元 661 年，唐朝对从波斯东部至新疆于阗的十六个藩国进行规划。十六国各置都督府，在安西都护府下设置吐火罗道（阿富汗北部）进行统一管理。

在这十六国中，就包括已被灭国的波斯。唐册立仍在抗击阿拉伯帝国的波斯王子卑路斯为波斯王，设立波斯都督府。

虽然同本主题关系不大，但仍值得一提的是，这位名叫卑路斯的大唐都督、傀儡波斯王因自己的国家旋即灭亡了，最后客死长安。

呼罗珊总督府和安西都护府，以乌浒水（阿姆河）为界东西对抗。

也是在这一时期，吐蕃崛起于青藏高原，进兵西域。

公元 663 年，吐蕃攻灭青海吐谷浑部，尽占其地，控制了经柴达木盆地，出鄯善，至四镇的吐谷浑道。

通过吐谷浑道，吐蕃兵锋直达西域。在中国历史中所称西域的地方，唐、蕃和阿拉伯帝国间的“三国演义”上演了。

初期，唐朝安西都护府置军仅数千，安西四镇两次陷落于吐蕃之手。武则天长寿元年（公元 692 年），右鹰扬卫将军王孝杰收复四镇后，唐朝遣精兵两万四千人常驻四镇。

虽然置军不多，但这两万四千人主要由精锐骑兵和昂贵的陌刀兵组成，战力强悍。由于唐戍以重兵封堵，吐谷浑道断绝。

吐蕃被迫向西开通进入西域的勃律道。

勃律东连吐蕃，西通中亚，南达天竺，北通西域，地处南方丝绸之路延伸线要冲，是一条经济要道，更是一条战略要道。

经勃律，入护密（瓦罕走廊），东可至四镇，西可至吐火罗道。

因此，《资治通鉴》称勃律为唐之西门，勃律亡则西域皆为吐蕃矣。勃律不仅是唐之西门，更是吐蕃之西门。关于这一点，唐蕃双方都很清楚。因此，吐蕃视其为巨蠹，必欲除之而后快。

唐初，根据玄奘的《大唐西域记》，勃律是一个国家，并无大小之分。中唐，在慧超的《往五天竺国传》中，勃律已有大小之分，并称小勃律“属汉国所管”，大勃律“属于吐蕃所管”。

那么，勃律是什么时候分裂的?

据《新唐书・西域传》记载，“大勃律……直吐蕃西，与小勃律接，西邻北天竺，乌苌。地宜郁金。役属吐蕃。万岁通天逮开元时，三遣使者朝，故册其君苏弗舍利支离泥为王。死，又册苏麟陀逸之嗣王。凡再遣大首领贡方物”“小勃律……东南三百里大勃律……开元初，王没谨忙来朝，玄宗以儿子畜之，以其地为绥远军”。

可见，勃律是在公元 712 年左右分裂的，公元 713 年，小勃律王没谨忙曾亲自觐见，玄宗待之如子。

结合慧超“为吐蕃来逼，走入小勃律国坐”的记载，可以推断，勃律在公元 712 年左右为吐蕃入侵，王族成员西逃，成立小勃律。

虽然属吐蕃节制，但根据大勃律王遣使入唐并获得册封的记录看，两者属于宗主与藩属国关系，保持了相当的独立性。

公元 722 年，吐蕃假道伐虢，以“我非谋尔国，假道攻四镇尔”的名义进攻小勃律，夺其九城。

没谨忙写信向北庭（公元702年置，隶属安西都护府）节度使张孝篙求救，“勃律，唐西门。失之，西方诸国皆惶吐蕃”。

“塞沙制长策，穷石卷摇旗。”这是友人为出巡西域的张孝嵩所赠诗句。张孝嵩虽然进士及第，却慷慨好兵。

开元三年（公元715年），张孝嵩考察西域军事时，恰逢吐蕃和阿拉伯帝国联兵入侵唐藩属国拔汗那国（吉尔吉斯斯坦境内），国王遏波之兵败求救。张孝嵩对安西都护吕休璟说：“不救则无以号令西域。”

张孝嵩利用机断专行的权利，自率各部落的兵马万余人，长驱直入，向西挺进数千里，传檄诸国，威震西域。

因此，当小勃律求援时，张孝嵩深知小勃律的重要，为了维护自己的西门，堵上吐蕃的西门，张孝篙得救兵出得很干脆。

张孝嵩派疏勒副使张思礼率蕃、汉步骑兵4000人救援。张思礼率兵昼夜兼程，翻越帕米高原。没谨忙联合唐军夹击吐蕃军，大破其众，俘斩数万人，小勃律失地尽复，自是累岁吐蕃不敢犯边。

公元737年，吐蕃再度西击小勃律。小勃律告急于唐，玄宗采取围魏救赵之计，命河西节度使崔希逸深入吐蕃，至青海西，大破吐蕃军。

但鞭长莫及。

据《敦煌本吐蕃历史文书》“大事纪年”记载，公元737年，吐蕃军兵临城下，小勃律王降；公元740年，赞普赤德祖赞（公元704—755年）嫁王姐赤玛类于小勃律王为妻。可以推断，此时的大小勃律已臣属吐蕃，其西北二十余国“皆为吐蕃所制，贡献不通”。

这位娶了王姐的小勃律王是苏失利之。

安西都护田仁碗，盖嘉运及夫蒙灵誓三次征讨均不捷。

天宝六载（公元 747 年）春，玄宗命安西副都护高仙芝统率兵骑万人为行营节度使，往讨。

高仙芝，唐朝著名边将，高丽人，一个真正称得上大将军的人。

据《资治通鉴》“卷 201”记载，高宗总章元年（公元 668 年）克高丽后，高丽豪族三万八千二百户迁往中原空旷之地，王族迁往长安。

高仙芝的父亲高舍鸡因此在西北军中效力，官至四镇十将、诸卫将军。高仙芝小时候跟随父亲到了安西，20 多岁就当上了将军。

高仙芝挥军翻越帕米尔高原，出奇制胜，大败吐蕃守军，诱斩亲蕃的小勃律首领五六人。

苏失利之和赤玛类被解往京师，后被赦免。

玄宗“诏改其国号归仁，置归仁军，募千人镇之”。从此小勃律复归于唐，周边诸国皆震慑降附。

虽在此役中大受挫折，吐蕃并未就此而放弃对小勃律的经营，转而拉拢西面的揭师，在其国筑城驻军，欲围困驻守小勃律的唐军。

公元 750 年，唐王朝遣高仙芝再度出兵，“破揭师，虏其王勃特没”，另立其兄“素迎为揭师王”。高仙芝伐小勃律和揭师之后，葱岭至阿姆河南及由阿姆河赴印度的丝路西段各线再度畅通。

高仙芝深入万里，立奇功，升任四镇节度使。这场战役为高仙芝赢得了极高的声誉，被吐蕃和阿拉伯帝国誉为“山地之王”。

公元 1913 年，在勘察过高仙芝的进军路线后，英国探险家斯坦因称高仙芝“可与欧洲史上翻越阿尔卑斯山之著名军事将领相提并论”。

这里所说欧洲著名将领，一个是汉尼拔，一个是拿破仑。

这时，阿拉伯帝国在中亚的势力已深入阿姆河北岸。

从揭师回师途中，高仙芝得知锡尔河流域的石国勾结阿拉伯帝国，无番臣礼。遂引兵袭石国，掠其财宝，杀其老弱，俘其国王，送献京城斩之。

《资治通鉴》“卷216”记载，高仙芝以残酷手段镇压了石国，西域震惊，诸国皆怒，准备与阿拉伯帝国连谋，攻四镇。高仙芝引唐军两万，藩军万余先发制人，历时三月，翻越帕米尔高原，深入七百余里，在怛逻斯城（哈萨克斯坦江布尔城）与十余万阿拉伯联军决战。

战至第五日，盟军葛逻禄部一万人临阵反戈，腹背受敌的唐军大败，仅数千人逃回安西，高仙芝身免。

虽然此战对东西方文化交流起了历史性的作用，阿拉伯人俘虏了大批唐人工匠，将造纸等技术传播到了西方。但，怛逻斯战役不仅是高仙芝人生的转折点，也是唐代西北战略局势的转折点。

怛罗斯之战后，高仙芝被解除了安西四镇节度使之职，由王正见接任。天宝十一年（公元752年），王正见死，封常清接任。

同高仙芝一样，封常清（公元690—756年）也是跟随在西北充军的外祖父长大，长期在高仙芝帐下效命。

天宝十二年（公元753年），封常清讨大勃律，一战而胜。第二年，封常清入朝，封御史大夫。西域再无猛将。

公元755年，安史之乱爆发，唐尽抽西域之兵。西域再无勇士。

勃律之地尽为吐蕃所据。

安史之乱中，封常清协助高仙芝作战，二人违抗东出潼关主动出击的命令，据守潼关以抵挡锐气正盛的叛军，被奏弃地怯战，盗减军赐，于公元756年1月24日被斩杀于军中。

自毁长城，老兵死了。

※ 伊斯兰化

征服勃律后，吐蕃派驻大量军队于此，统治该地区近100年。

8世纪下半叶，吐蕃《不得灭法之诏书》的十个颁发地区之中，就有“勃律之域”。写成于9世纪的《金刚瑜伽成就授记》中提及“勃律节度衙”。勃律成为吐蕃的重要的军政单位之一。

随军人员的迁移和随之而来的商旅以及相似的种族构成和文明血缘，巴尔蒂斯坦很快高度吐蕃化了。

吐蕃文明在9世纪中期崩溃后，从未再踏足巴尔蒂斯坦。在吐蕃后裔于西藏西部建立对“阿里三围”的统治时，虽然其辖地包括了拉达克，但是勃律地区并未包括在内。

吐蕃之后，勃律分分合合，但他们有一个共同的经历，那就是普遍经受了深入彻底的伊斯兰化过程。

小勃律的伊斯兰化较为彻底，演变成为今天的吉尔吉特。

而大勃律由于冰川下滑引起的洪灾，使得交通异常困难，即便是13世纪中期西藏著名的旅行家邬坚巴·仁钦贝也视其为畏途而驻足不前。封闭的自然环境赋予的强大惯性使得大勃律拥有了丰富多元的文化遗存，最终演变成为今天的巴尔蒂斯坦。

14世纪后期，巴尔蒂斯坦周边已完全伊斯兰化，但巴尔蒂斯坦的伊斯兰化进程才刚刚开始。

伊朗传教士赛义德·阿里·哈姆达尼于1381年至巴尔蒂斯坦传教并兴建了最早的几座清真寺。之后，有“偶像毁灭者”之称的沙姆斯·乌丁·伊拉吉于公元1499—1505年间在巴尔蒂斯坦传教，并成功地使巴尔蒂斯坦的默格本王朝（公元1190—1840年）的布迦王和王储谢尔·沙接受了伊斯兰教。16 世纪到 17 世纪末，来自波斯、中亚突厥人和克什米尔的传教士完成了伊斯兰教对巴尔蒂斯坦社会的渗透。

1840 年，默格本王朝末代君主艾哈默德·沙被道格拉政权（拉达克）俘虏并死于查漠狱中。

巴尔蒂斯坦被信仰印度教的道格拉人统治，无法忍受无休止的赋税、劳役以及宗教凌辱的巴尔蒂人开始反抗、逃亡。

1947 年 6 月 3 日，蒙巴顿方案出台，阿赫默德汗的“穆斯林民族论”和真纳的“两个民族、两个国家论”成为现实。做出巨大牺牲的巴尔蒂斯坦义无反顾地加入了巴基斯坦。

大小勃律终成为巴控克什米尔的吉尔吉特——巴尔蒂斯坦特别区。

※ 认祖不归宗

最早接触巴尔蒂斯坦的欧洲传教士称其为“小西藏”。除了相似的外貌，伊斯兰化后的巴尔蒂文化依然有着鲜明的西藏元素。

不同中心文明间碰撞的锋面极易产生混乱，从巴尔干到高加索再到克什米尔，无一例外。但在长期处于不同文明交锋锋面上的巴尔蒂斯坦，多民族、多文化遗存清晰可见，以独特的多元文化特色独善其身，为纷扰克什米尔——兴都库什地区平添一份宁静。

文化的任性在勃律得到了淋漓尽致的体现。

琐罗亚斯德教主要节日努鲁兹节至今仍是巴尔蒂斯坦地区最为重要的节日之一，而普遍的藏语地名更标志着藏文明的存在，特别是拥有藏传佛教元素的民间信仰、作为藏语西部方言的巴尔蒂语、起源于西藏的马球、藏文碑刻和民间《格萨尔王》的流传，等等。

特别是，在巴尔蒂斯坦，有本教和佛教象征的雍仲符号(卍)普遍存在，不仅是古代宫室、堡垒遗址，即便是清真寺也是如此，而镌刻于木结构上的雍仲符号则随处可见。现如今，“卍”成已经成为巴尔蒂斯坦的民族标志，被印在学生组织的旗帜和传单上。

巴尔蒂斯文明是若干文明的总汇，这一独特的文明使巴尔蒂斯坦社会获得了与众不同的地位，得到了全世界的关注。

虽然巴尔蒂斯坦人十分珍惜多元的文化遗产并深感自豪，但伊斯兰文明才是他们民族文化建构和民族认同的核心要素，而其他文明要素已然成为巴尔蒂人不自觉的文化存在。

正如马丽华所说，（巴尔蒂文明同藏文明之间）虽然一脉却不再相承，（巴尔蒂人）乐于认祖而无意归宗。

第三节　往事不如烟

“开到荼蘼花事了，尘烟过，知多少？”这是曹雪芹的感慨。

苏轼诗云：“荼蘼不争春，寂寞开最晚。”荼蘼盛夏开花，不与百花争芳。虽然其貌不扬，却可以提纯出上等的香精油。

历史上有多少过客，如同荼蘼花一样，在一条枯寂的旅途上日复一日。无数的人们有意无意间，在消费着他们用生命凝结的香水，却从未走进他们的传奇故事之中。

尘烟过，知多少。好在往事不如烟。

※ 唐僧西游

唐僧，已然成为玄奘的代称。一部《西游记》，妆点了几代中国人的成长历程。一路的艰辛，被戏化成了脸谱化的妖魔鬼怪。

有西方人说，只有读懂西游记，才能了解中国人。玄奘被吴承恩狠狠地消费了一次，成为演绎人性、讽刺朝政的工具。这也恰恰是玄奘在中国人，在中国文化中的地位的印证。

玄奘的故事成为了传奇，因为它本身就足够传奇。

陈祎（公元602—664年），出生于官宦世家，法名玄奘，因为精通三藏，又被称为三藏法师。玄奘成长于隋唐演义的时代，幼年随隐居的父亲学习儒家经典，11岁便入寺学经。

在辗转多地学习佛学经典的玄奘眼中，大唐佛教已经无法满足他的渴望，解决他的疑惑了。公元628年，26岁的玄奘出发了，去天竺。

玄奘竟然是偷渡出关的。

这一年是大唐建国10周年，但仍同突厥人在西域打得热火朝天。不宁的西部疆界处于军管状态，此路不通。

其实，唐朝造船技术极为发达，且从大唐经马六甲海峡至印度的商道早已十分成熟，外籍商人和使节都乐意乘坐，玄奘前两百多年的东晋高僧法显即是取此道归国。

为什么玄奘退而求其次，选择极为艰苦动荡的陆路？

一个考虑是，刚创立十多年的伊斯兰教尚未渗透进来，西域诸国多信奉佛教，对于遍读经书的玄奘来说，这是一条学习之路。另一个考虑是，这是一条逆佛教传入中国之路，是一条朝圣之路。

此时的青藏高原上，一场阴谋正在谋划之中。

一年后，13岁的松赞干布失去了父王——被毒死的朗日松赞，随后就是诸小王和后戚家族的叛乱。经过3年的平叛战争，松赞干布于公元632年定都逻些，建立吐蕃政权。

虽然此后有更加便捷的唐蕃古道，但在公元628年，玄奘是断然没有这一选项的。即便在此后的唐蕃古道上，除了文成公主远嫁吐蕃的四十年间（公元641—680年），有十余名僧人走此道经泥婆罗至天竺（有的还获得了文成公主的资助，比如玄照法师），行走最多的，除了军队，就是使节，比如王玄策和吕温。

玄奘穿过丝绸之路北线，翻越葱岭，经今吉尔吉斯斯坦、乌兹别克斯坦、阿富汗、巴基斯坦到达印度。

玄奘虽然没有踏足吐蕃，但却绕青藏高原转了半圈，并根据亲身游历写下了《大唐西域记》，成为研究吐蕃佛教的重要参考。

在玄奘西行的年代，佛教已经在中亚、南亚走下坡路了，在他所著的《大唐西域记》中，"戒行多滥""僧徒寡少""芜漫萧条""异道杂居"常常是形容所到之处佛教信仰状态的痛苦表述。

导致这一现象的原因是多重的。

同吐蕃引入佛教的动因一样，佛教之所以在古印度崛起也是出于政治原因，国王通过扶持包括佛教在内的非主流宗教，用来制衡婆罗门教建立在种姓制度意识形态下超越王权的宗教权力。

产生这一格局的重要原因是列国时代（印度的春秋战国，公元前6—4世纪）出身低微的君主们，比如出身首陀罗种姓的难陀王朝的建立者摩诃波德摩·难陀。战争给予了他们生杀予夺的权力，婆罗门也识时务地在他们头上带上了刹帝利出身的光环。

但战争所导致的不断加强的王权，同婆罗门至高无上的教权，成为天然的敌人。而崛起的低种姓工商业者同国王们是天然的盟友，成为婆罗门教的挑战者。佛教就在这样的历史背景下应运而生了。

佛教对社会的渗透随着王权的加强而加强。到了孔雀王朝（公元前324—188年），特别是在其第三代国王阿育王（约公元前268年—236年）的大力支持下，佛教得到了极大的发展，经、律、论体系开始出现并完善，大乘小乘佛教开始分化。

公元1世纪中叶，张骞苦苦寻找的大月氏人在印度北部建立了贵霜王朝（至3世纪），马鸣、龙树、无著和世亲使得佛教理论更趋完善。

公元5世纪中叶，立国一百多年的笈多王朝被南下的白匈奴所灭。笈多王朝崇奉婆罗门，而白匈奴人则对佛教大加摧残，加之佛教的密教化和婆罗门教向印度教的转化，佛教势力在印度迅速式微，并在8世纪初于滚滚而来的伊斯兰化的浪潮中消亡了。

玄奘正是在这一时期来到了天竺，吐蕃也正是在这一时期开始大举引入佛教。玄奘很幸运，他遇到了戒日王（公元589—647年）；吐蕃很幸运，很多高僧大德选择了离开已在抛弃佛教的次大陆。

戒日王是抵抗白匈奴人的英雄，是戒日王朝（公元606—647年）唯一的王，也是一个笃信佛教的王。

根据玄奘《大唐西域记》的记载，勃律有珈蓝数百所，僧徒数千人，学无专习，戒行多滥。可见，在7世纪中叶的勃律，佛教寺院规模较小，每座平均只有十余人，且并非专修佛教。

这同当时西域的政治形势和文化根基密切相关。琐罗亚斯德教跟随波斯帝国的弯刀强势回归，唤醒了沉睡的文明记忆。或者说是唤醒了从未离开过的琐罗亚斯德教。

文明的任性体现得淋漓尽致，正因如此，佛教在西藏的发展历程才显得如此充满血腥。同样，佛教在内地的发展也是如此。

宗教具有极强的认同性和排他性，极具凝聚力和竞争精神。如同任何其他人化存在一样，佛教不断以各种形式从中心区向外围地区扩散，沿着玄奘之路一路来到汉朝。

之后，佛教逐渐与中国的传统文化相互兼容，并在玄奘所生活的隋唐时期完成了中国化，形成了儒释道合一的文化局面。曾有一种说法，如果没有佛教，今日的中国人将无法说话。佛教在中国文化中的重要地位，连大文豪曹操的文采也不足以形容。

当然，不同文化间的融合过程，常常充满了激烈的碰撞。内地曾有“三武一宗”（魏武帝、北周武帝、唐武宗和后周世宗）毁灭佛法的法难。吐蕃有朗达玛灭佛事件。

出发17年后，公元645年，43岁的玄奘返回长安。这位偷渡出国的僧人，在长安城下受到了以房玄龄为首的内阁大员的热情迎接，不久后又在洛阳得到了太宗李世民的亲切接见。

这17年中，发生了太多的故事，突厥人和西域被征服了，高昌国也灭亡了，得到这一消息的玄奘绕道而归。其实，考虑到玄奘携带有大量经书和佛像，戒日王极力建议他走海路归国。玄奘之所以坚持原路返回，只是因为同高昌国王“愿法师还日相过”的承诺。国已灭王已死，可以想见，该如何形容此时玄奘的心情。

这17年中，崛起的吐蕃开启了唐蕃间连绵的战争，和亲的文成公主没能阻挡吐蕃同大唐的继续厮杀，西域都护府也在此后的故事中按照原本就属于它的逻辑向前推进。

西行求法较为有名的，前有八戒（朱士行，公元203—282年）后有悟空（车奉朝，公元731—812年）。他们的旅行记忆不仅是中国重要的史料，更是中亚地区国家历史研究的重要参考。

这些人无疑是幸运的，享誉世界、青史留名。还有多少西行僧人或化为一堆白骨，为他人指引前进的方向，或如同一粒尘埃，埋没在历史的更深处，留待他人评说。

文化之水是自由的、流动的，佛教亦然。西行之人，除了学习佛法，还有传播佛法的，比如摩诃衍。

※ 顿悟法门

在玄奘翻译的《大阿罗汉难提密多罗所说法住记》中，有十六罗汉之说。十六罗汉，是佛祖释迦牟尼的弟子，他们瑾奉佛祖不涅槃之命，永住世间护持正法，是佛教信仰的一个重要形式。

到了唐末，除了佛祖的弟子，又新进了两位尊者，十六罗汉演变成为十八罗汉。根据藏文文献《迎请尊者》的记载，在藏传佛教的十八罗汉中，有一位新进的尊者是摩诃衍。

一个汉地和尚，为什么在藏传佛教史上留下了重重的一笔，乃至成为一个图腾？这是因为摩诃衍在前弘期的重要影响及他试图扭转藏地佛教发展轨迹的努力。历史在抛弃他的同时也铭记了他。

为平定安史之乱（公元755—763年），唐政府不得不从河陇等地大量抽调兵力回援，使得西部边防极度空虚。吐蕃趁机占领了陇右、河西大片区域，并于公元781年攻占了敦煌。

处于佛教东传要道上的敦煌，在南北朝时期，佛教得到了极大的发展。到了隋唐，敦煌更是成为河西地区的宗教中心。

同时，在这一时期，正大力引进佛教的吐蕃对所有的佛教派别敞开了大门。因此，在吐蕃占领敦煌的六十多年里（公元848年，张议潮收复敦煌），敦煌成为汉地佛教进入吐蕃的一个中心。

在此之前，汉地佛教已经进入了吐蕃。最为人熟知的是文成公主和金城公主，她们进藏时都伴随着经书和僧侣。松赞干布还特意修建小昭寺以供养文成公主带来的释迦牟尼十二岁等身像。

此后，汉地僧人以各种形式进入吐蕃：官派（公元781年，唐应吐蕃之求遣沙门之善讲者入蕃）、延请、俘虏等，北宗禅、南宗禅，甚至是小乘等通过北、东两线渗透到了吐蕃。加上南亚僧人及为伊斯兰教挤压逃难而来的西域僧侣，吐蕃的佛教江湖甚是热闹。

但是，在这些众多的外来僧侣中，最为知名的就是摩诃衍。

摩诃衍是敦煌最负盛名的高僧。因此，在攻占敦煌的同一年，赤松德赞就盛情邀约摩诃衍前往逻些开示禅门、共问禅法。

赤松德赞（公元742—796年）的父王赤德祖赞因政变遇弑身亡，同时，佛教遭遇到毁灭性打击。这就是13岁的赤松德赞继赞普位的历史背景，也是他后来崇佛抑本的历史背景。

虽然在疯狂镇压佛教的氛围中成长，但赤松德赞却有两个汉僧相伴，其中一个就是桑希。桑希是定居逻些的大唐使节的儿子，为赤德祖赞所派，率三人前往大唐取经。

得知老王已死、佛教被禁的真相后，他们把大唐皇帝赐予的千部佛经埋了起来，并遣返了随来的大唐僧侣。此后，桑希作为私人经师默默见证着赤松德赞的成长和亲政。

亲政后，在镇压了本教势力后，赤松德赞极力推崇佛教，制定了三户养僧制，修建了吐蕃第一座佛法僧具备的桑耶寺。

由于对汉地佛教天然的亲近感，赤松德赞大力延请汉地僧侣进藏，并屡次派人到大唐取经。

桑耶寺之所以被称为三样寺，就是因它藏汉印混搭的建筑风格，汉地佛教在这一时期的影响力之大由此可见。

而摩诃衍的到来更是加强了这一趋势，并最终导致了一场旷日持久、影响深远的大辩论。

在逻些，摩诃衍论说之多无据其右者，为大部分蕃僧追随，拥有包括皇后没卢氏、赞普姨妈悉囊南氏、诸大臣夫人等五千余信徒。

据《拔协》记载，众人均修摩诃衍之道，致使桑耶寺断了香火。

为什么摩诃衍有如此大的影响力？尤其是对妇人们来说。这就同此后的辩论及辩论结果密切相关了。

摩诃衍是北宗禅僧人，拥有饱含道教精神的禅意。简单地说，摩诃衍提倡“心会”，认为心是一切烦恼的根源，也是解脱的根源，只有摆脱了一切妄想，才能在无一虑中摆脱生死轮回。而布施等善行同能不能成佛无关，这也是导致桑耶寺断了香火供奉的重要原因。

与此相对应的是，以寂护和莲花生为代表的是瑜伽行中观派，强调长期枯燥的次第修行，且不同的人生注定了不同的修行结果，而布施、供奉等善行不仅是一种义务更是一种修行。

相对于摩诃衍的禅宗，印地佛教相对繁缛和昂贵。因此，特别是对于整日生活在深宅大院中的妇人们来说，汉地佛教无疑更具有吸引力。而且，对处于贵族但却被打压之中的本教支持者来说，不贪图世俗利益的汉地佛教更加能令他们接受。

其实，汉印佛教间的矛盾绝非一时一事。在金城公主进藏和亲之前，汉僧集中的大昭寺同印僧集中的小昭寺之间就一直处于对立状态。而摩诃衍更具蛊惑性的存在更是分裂了桑耶寺的僧团，断了印传佛教的香火，更剥夺了他们的政治存在感。因此，嫉恨摩诃衍的印僧向赞普进谗言（法国汉学家戴密微言），要求停废禅宗。

禅宗应该说是最没有攻击性的佛教教派，不擅长甚至是厌恶辩论，更不乐于说服别人认同自己的观点。但是，为了维护自己和禅宗的尊严，摩诃衍向赞普建议与印僧进行争辩，以决定存废。

藏传佛教史上最为著名的辩论拉开了大幕。

在摩诃衍进藏前十年，公元771年，刚上演了藏传佛教史上著名的辩论，寂护战胜了本教。结果是本教被禁，这次又将如何？

相对于南宗禅“神会”的顿悟来说，北宗禅的“心会”属于渐悟一派。但相对于印传佛教来说，南宗禅无疑属于不折不扣的顿悟。因此，这次辩论被称作渐顿之争，这就是这里的相对论。

从公元 792 年开始，辩论一直持续到公元 794 年，主要地点是印传佛教大本营桑耶寺。虽然摩诃衍厌恶这次辩论，但一直占据着上风。这是因为寂护已经在公元 762 年为马踢伤而死，印传佛教失去了核心。

虽然占了上风，但摩诃衍依然十分痛苦，从期间他给赤松德赞写的三道表章中可以体会。他在表章中恳求赞普结束这场旷日持久且伤害佛教的辩论，倾述印僧对他本人人身攻击的不满。

其实，摩诃衍只想维护自己的尊严，为禅宗争得一席之地，并无战胜甚至压垮印传佛教的邪念。毕竟，印度是佛教的源头。

但是，形势比人大。摩诃衍毕竟不知道赤松德赞在想些什么。

吐蕃引入佛教的直接目的，就是同本教对抗，它需要的是佛教附带的政治影响。但是，高度出世的汉地佛教显得它不太称职。在感性和理性之间，赤松德赞最终选择了理性。在他心中，更加热衷世俗生活，更加重视行善戒恶的印传佛教显然更有利于自己的统治。

因此，赤松德赞必须找一个办法，让摩诃衍和他所代表的教派“合情合理”地离开。成全他的人是寂护的高足莲花戒。

莲花戒是乌仗那国人。这个乌仗那国，至今都是巴基斯坦提起就头痛的地方，西北边境省。在同吐蕃争夺西域的过程中，乌仗那国同大唐的关系一直不错，双方也互有走动。

公元 629 年，玄奘曾经到过这里，对其印象很差。据《大唐西域记》载，乌仗那国人十分诡诈，寺院大多荒芜，僧人佛学肤浅但热衷于巫术咒语，其实这正是婆罗门教信仰的一个重要形式。

一百多年后，莲花戒从这里走来，带着密宗化的佛教。从有关莲花戒念咒做法镇压各地妖魔鬼怪的记载来看，倒也与玄奘的印象符合。莲花戒注定要将藏传佛教带入一个不一样的前方。

公元 794 年，摩诃衍和莲花戒进行了御前辩论。结果无关重要。如同马未都先生所说，历史没有真相，只残存一个道理。孰胜孰败任由风吹去，但道理就是摩诃衍和他所代表的禅宗必须得离开了。

残酷现实导致的结果也是残酷的。据《拔协》记载，绝望的摩诃衍的信徒有的割自身之肉而死，有的自焚而亡，更有甚者自捶生殖器而逝。面对杀尽渐门派之人的极端言论，赤松德赞十分头大。

这一时期，是印度佛教密宗化时期，也是印度佛教极速衰亡的时期。因此，法国汉学家戴密微称，渐顿之争的最终获胜者其实是婆罗门教，吐蕃的佛教从此堕入了婆罗门教的范畴中去了。

此后，汉传佛教和藏传佛教朝着完全不同的方向演绎着。汉传佛教的江湖为与密宗相对应的显宗所垄断，高度出世，以禁止食肉、色戒为标榜。藏传佛教则高度入世、政教合一。

至于重新回到敦煌的摩诃衍，此生再未踏足吐蕃。继续传播禅宗思想的他，依然享受着大德的殊荣，被称为国德、蕃大德。

《贤者喜宴》记载了一个传说，摩诃衍在离开时，留下了一样东西，他的一只鞋。这只鞋时隐时现地出现在藏传佛教特别是宁玛派的脚上，这只鞋也是藏传佛教规范化的一个里程碑。

同时，这只鞋也为大多藏传佛教所唾弃、践踏，哪怕是萨迦班智达。三百多年后，萨班对摩诃衍及其代表教派的固执的批判，正说明了摩诃衍的伟大和影响力。正因如此，对任何严肃的讲述西藏历史和藏传佛教历史的人来说，摩诃衍都是一个无法忽视的存在。

摩诃衍，注定是一个不平凡的人，生卒年不详，却能作为神一般的存在，流传于汉藏两路佛教信仰之中。摩诃衍的不平凡归功于那个不平凡的年代。历史的精彩让最优秀的作家、编剧都黯然失色。冥冥之中，他在一个特定的时间被裹挟到了一个特定的地点，留下一只鞋便潇洒而去，留下许多故事供后人消遣。

※ 最牛使节

田中树芳，是日本玄幻文学宗师，认为“即使把他当成如好莱坞电影般具华丽风格之冒险电影主角也不是不行的”。田中君的话没说满，“不是不行”显得太过谦虚了，绰绰有余倒是恰如其分。

因为这个人实在是太牛了，恐怕连最为大胆的编剧都不敢那么天马行空地编故事，但他却生生给做到了。

他就是王玄策，一个最高只做到从五品下（文官十三级）的这么一个唐朝官吏，一个连生卒年月都不详的人，却被写入唐书等史籍而名垂青史。他的故事确值得用字字千金的正史记录下来。

贞观十七年（公元 643 年），融州黄水县令王玄策领受了一个任务，一个跟他的职务经历完全不相干的任务，作为副使前往天竺。

中印间的政治交流史远远落后于文化交流。好大喜功的隋炀帝就有“（西域）诸国多有至者，唯天竺不通，帝以为恨”的遗憾。在倾听了玄奘的“马可波罗游记”后，戒日王决定遣使通唐。于是，公元 641 年，也就是玄奘启程归国那年，戒日王的使者来到了长安。

戒日王的使者受到了高规格的接待，李世民亲自降玺书慰问，并派云骑尉梁怀持节回访印度。据《旧唐书(天竺传)》记载，接报的戒日王感叹道：“自古有摩诃震旦（中国）使人吾国乎！”于是，再遣使。

天竺使者出使时，玄奘已经启程归国。可以想见，使者会以怎样华丽的言辞来形容他们的“国师”玄奘。至此，这位偷渡出国的法师受到“观礼盈衢、更相登践”的迎接也就不足为奇了。

太宗再次遣使回访，顺便护送天竺使节和甚厚之礼。卫尉李义表为正使，王玄策副之，使团共二十二人。

在国度曲女城郊，戒日王多遣大臣迎接，焚香夹道。虽然路途艰辛，但这次出使却不是件很乏味的事情。他们到处游览佛教遗踪，观看幻术表演，同戒日王侃大山。当然，他们也没忘记在名山（耆阇崛山）勒铭，在名寺（摩诃菩提寺）立碑。

正因为日程的趣味性和戒日王的热情，王玄策他们在四年后（公元646年）才归国。因为他们是走唐蕃古道经泥婆罗进入天竺，只用了九个月便抵达曲女城，可见他们在天竺停留了很长时间。

归国后的第二年，公元647年4月，业余使节王玄策又出发了，目的地仍然是天竺，不过这次是作为正使。这次出访，王玄策肩负了两个使命，一是培养梵语翻译人才，二是学习天竺蔗糖技术。

印度是制糖术的鼻祖，虽然此术自汉就传入中国，但一直被模仿却从被超越。由奢入俭难。吃了两年多的天竺糖，王玄策对糖的品味大为提升，回国后就不习惯了。很有可能是，唐太宗从他们的工作汇报里得知自己吃的糖是多么的不上档次，很是不爽。

公元648年4月，抵达天竺的王玄策不但没有受到迎接，还被一支两千人的部队狠揍了一顿。原来，在使团出发前后，王玄策的老朋友戒日王死了，是被淹死的，在恒河。王位被阿罗那顺篡立。

连同王玄策，使团30人无一漏网。不过，在戒日王的妹妹拉甲室利公主的帮助下，王玄策和副使蒋师仁成功越狱了。他们策马狂奔一路到了吐蕃。

根据《旧唐书·天竺传》的记载，闻报后的松赞干布即发精锐一千二百，并协调泥婆罗国七千余骑，交由王玄策节制。

王玄策为什么有借兵报复的构思？尽管使团的其他人之后都没有幸存，但在王玄策逃遁时应该不至于此，解救他们应该是他的第一目的。王玄策还有一个考虑，那就是同戒日王和他的帝国的感情。这时的大唐国势正盛，作为大唐使节，王玄策很难无视这种责任和感情。

王玄策借兵的举动靠谱吗？结果是靠谱，这当然是有原因的。一个原因是唐太宗的巨大影响力。唐太宗之所以会被尊为天可汗，就是因为他的“独爱如一”的民族平等思想和“臣古人之不能臣者”的国家关系实践，当然背后还有国力作的支撑。

另一个原因是唐、蕃、尼的关系。这一时期，吐蕃刚立国不久，吐谷浑道还没有打通，加之文成公主于公元641年和亲至此，唐蕃关系较为和睦。同时，泥婆罗的赤尊公主也和亲于吐蕃。大帝就是要有大帝的宏大气魄。在这种历史背景下，在松赞干布的支持下，大唐使节王玄策在异域拥有了一支近万人的军队。

对于外来民族来讲，征服印度显得太过容易了，这已为历史所多次印证。这次，王玄策也来凑热闹，证明了一次。

三日，仅仅三日，阿罗那顺庞大的军队就被击垮了。此战，被斩首者三千余人，赴水溺死则且万人，阿罗那顺被生擒。此后，次大陆陷入混沌之中，等待着穆斯林的到来。

此处不宜久留。五月，王玄策就启程了，并于当年抵达长安。正经任务基本毁了，准备学习梵文的人没了，带回来的制糖术经试验失败了。不过，酒香不怕巷子深。根据敦煌文献，天竺最新的制糖术也正是在这一时期通过丝绸之路到了中国，至宋《糖霜谱》的成书，为宋人所享用的糖已经同今日无大异了。

自己派出的使节这么长脸，唐太宗很高兴。连升两级，王玄策成为了朝散大夫，不过他的仕途就到此为止了，因为一个人。

他就是那罗迩娑婆寐，一个精于炼丹术的天竺方士，是见识过天竺幻术的王玄策带回来献给李世民的。这个人自称已经活了两百个春秋。抵挡不住始皇帝曾经执着过的诱惑，这位那罗迩娑婆寐卖力地炼药，李世民不停地嗑药，第二年就驾崩了。

同那罗迩娑婆寐一起带回来的，还有一个人，阿罗那顺。那罗迩娑婆寐是个如何下场没有记载，不过这个阿罗那顺是被作为祭品献给了太庙，成为李氏大唐王朝光宗耀祖的资本了。

一晃九年过去了。显庆二年（公元 657 年），武则天的老公，高宗李治派王玄策再次出使天竺。这一次的任务比较简单，就是给佛祖涅槃的地方（婆罗林）送袈裟。在玄奘大师的模范带动下，在王室的大力支持下，在同西域的深度融合中，大唐掀起了宗教热。

这一次出使，更没有了戒日王和戒日帝国。不过王玄策一行还是有人接待的，而且被接待得很好，这个国家就是婆栗阇邦国。小邦接待大国使节，而且是大名鼎鼎的王玄策，自然是很是上心。王玄策加倍地把第一次出使时耍过的又来了一遍，直到四年后的公元 661 年才返回长安，大有在天竺“乐不思唐”的感觉。

可能是觉得再也没有机会走这条路了，公元 658 年 6 月，在经过吉隆时，王玄策令人勒摩崖石碑一处，基本相当于到此一游的意思，留有使团全体人员名字。根据碑文，不知道是出于什么原因，或许是为了让其增长见识还是见识伟大，王玄策竟然把自己的儿子和侄子也给带上了。

不过，这一次出使，王玄策遇到的一个人却让他再一次踏上了这条路，他就是上文提到过的那位受到文成公主接济的玄照法师。

玄照在同观光客王玄策相见时，已经在天竺待了十多年了。普遍认为，玄照是因为道路不通和缺乏盘缠无法归国。不过，根据王玄策对他的欣赏程度，玄照得到他的资助或跟随使团一起归国是件很容易的事情。根据后面演绎的故事，玄照不是不能实是不想归国。

在返回长安的第二年，公元 662 年，王玄策第四次出使天竺，迎接玄照法师归国。很有可能，在当时的宗教背景下，听闻玄照伟大事迹的高宗李治也想如同父皇一样，拥有一个自己的“玄奘”。

或许是玄照的流连，也或许是王玄策的贪玩，更或许是泥婆罗和文成公主的挽留，这个简单的任务王玄策直到公元 665 年才完成。

不知是喜还是悲，刚到洛阳见到巡狩至此的高宗，玄照就接到了一个艰巨的任务，重回天竺迎请仙人和长生药！

一声山呼的万岁，嗑死了多少的帝王。

玄照法师没有完成任务，最终客死天竺。李治之幸，媚娘之幸。

在第三次出使后，以为再也没机会故地重游的王玄策已经将自己的旅行札记整理成书，《中天竺国行纪》，但此书早已散逸。

不是谁都能入正史的，王玄策虽然没有如同张骞一样列传，但他在新旧《唐书》《唐会要》《册府元龟》以及其他奇文札记已经足够荣耀了。一个业余外交使节，一个演绎了一人灭一国的传奇并因此改变了印度历史轨迹的最牛使节，在外交史、军事史、交通史、宗教史，甚至是制糖史上都留下印记的人，王玄策一生的精彩，足足够了。

※ 凤凰涅槃

暗淡了刀光剑影，远去了鼓角铮鸣；眼前飞扬着一个个鲜活的面容，淹没了黄尘古道；岁月啊，你带不走那一串串熟悉的姓名。

红花还得绿叶配，这歌词写得真真好。志在千里的老骥终归是要退出历史舞台的。但他的精神及所留下的印记，精神的、物资的，都将融入中华民族的滚滚洪流之中。任何一个客观存在，都将会对社会的发展产生影响，涓涓细流，终将汇成滚滚江河、浩瀚海洋。

一个个远去的帝王、一群群褴褛的流民、一位位执着的行者、一次次慷慨的出使、一场场残酷的战争，伴随着润物无声的交流，浇灌了历史，拱托了鲜红的民族精神，气节和坚韧。

一个个的水分子凝结成了一个个水滴或冰晶，无数的水滴或冰晶形成了云。云是一个好东西，有云就有水，就有了一个大温棚，就有了生命、民族和国家。云搬运了水，肆虐了大地也灌溉了良田。

无数个或许是高贵或许是低贱的存在，共同建构了一个按自在规律运行的历史逻辑，完成了一次次的涅槃，最终形成了当今中国的版图、民族、宗教、文化和精神，生生不息。

第七章　神圣主权

西藏在中国版图中的位置、藏民族在中华民族中的位置、藏文化在中华文明中的位置，各路学家多有所述，本书也多有介绍，事实脉络清晰、依据确凿充分，在此不复赘言。

但是，由于所处地缘位置的敏感性，近代以来，频繁孕育了帝国力量的从中亚到喜马拉雅山的崇山峻岭成为了帝国主义角逐的锋线，中国的边疆危机蔓延到了西藏。西藏成为他们觊觎、侵略的对象。

出于地缘政治和霸权思维考量，先后有英国、俄国和美国在西藏地方对中国进行入侵和干涉，不仅对当时中国的领土完整和国家主权构成挑战，更为区域国家及国家间关系种下了绵延至今的种种问题，这其中包括所谓的“西藏问题”。

第一节　刺刀指向拉萨

英国是近代史上干涉我国西藏事务的主要国家，其涉藏政策是帝国主义国家制造、干涉“西藏问题”的重要体现。

自侵入南亚次大陆以来，在中亚地区英俄博弈的格局下，英国不仅直接在经济和政治范畴频频入侵西藏，还对孱弱的中央政府施压以达到沿喜马拉雅山脊建立战略边界的目的。

从间谍渗透到武装入侵，从经济剥削到割占领土，英国持续不断地向西藏渗透；从否认中国在西藏的主权地位到向噶厦提供军事支持，从对西藏上层僧俗的拉拢到对所谓宗主权的模糊承认，英国的渐进措施试图将西藏变为英印殖民地的缓冲国。

英国对西藏的政治干涉和军事入侵，不仅在西藏上层培植了一些亲英藏独分子，更为继之而来的美国树立了极为负面的榜样，“西藏问题”的影响因之在国际上被人为放大。

※ 第一次侵藏战争

1773 年，东印度公司入侵西藏的藩属不丹，德布王向六世班禅求救。1774 年，担任摄政（16 岁的八世达赖喇嘛还未亲政）的六世班禅转告英人，称“德布乃统治此地区达赖喇嘛的属下，若您坚持对不丹进一步侵扰，则必将引起达赖及其臣民之反对”。

以回应班禅交涉和祝贺七世班禅转世（六世班禅于 1780 年底圆寂）为名，东印度公司于 1774 和 1783 年两次遣使入藏，试图同噶厦或单独与

班禅的日喀则辖区订立商约。但是，鉴于英国人在山那边的一贯表现，噶厦对其“边界治安、便利商务”的请求予以拒绝。

在交涉过程中，英国人认识到中国在西藏的主权地位，认为西藏当局不敢私下与英国订立通商条约。因此，在英国政府于 1858 年取代东印度公司接管印度后，便尝试通过清政府打开西藏之门。

19 世纪 60 年代，随着对喜马拉雅山南麓的拉达克、尼泊尔、锡金和不丹控制力度的加强，英帝国主义开始尝试对西藏的边境地区实施全面的渗透活动。

根据 1876 年的《中英烟台条约》，清政府被迫给予英国人游历西藏的特权。但是，鉴于喜马拉雅山脉南麓国家的遭遇，对于英国人游历之居心，清政府是有充分认识的，如四川总督丁宝祯所说，“英人前有西藏探路之请，其用意狡谲，臣心窃虑之”。

因此，随着更多英国人陆续以探险的名义来到西藏测绘地图和搜集情报，藏英间直接接触和摩擦迅速增多。

为防备从锡金探出头来的英国人的威胁，噶厦于 1886 年在与锡金接壤的隆吐山建卡设防。对于中方的主权行为，英国人却连发照会要求撤卡。1887 年 5 月，英国驻华公使更是宣称隆吐山不是中国领土并发出了战争的威胁。

这一时期，清朝的洋务运动虽然有所成就并编练了部分新军，但并未改变孱弱的态势和风声鹤唳的心态。在 1883—1885 年的中法战争中，中国以不败而败结束，法国得到在滇桂两省的殖民权益，其在印度的地位也得到了承认。

在法国人冒险成功的刺激下，1888 年 3 月 19 日，英国以通商受阻为名发动了对隆吐山的进攻，第一次侵藏战争爆发。

虽然作战英勇，但落后的武器使得藏军被迫放弃隆吐山。英国攻占隆卡山后继续进兵，先后占领了咱利、亚东、朗热等隘口。

随后，英国以撤军为条件要挟清政府签订不平等条约。经过近两年的艰苦谈判，1890 年 3 月 17 日，清政府与英印殖民政府在加尔各答签订了不平等的《中英会议藏印条约》。

根据条约，清政府承认英国在锡金的权利并划定边界，中国据此失去了从隆吐山到岗巴宗南部的大片牧场和险隘。

1893 年 12 月 5 日，作为《中英会议藏印条约》附约的《中英会议藏印条款》在大吉岭签订，主要内容是在亚东开关通商，“听任英国诸色商民前往贸易”，且五年内藏印贸易互免关税。

通过这两个不平等条约，英帝国主义者打开了侵略中国西南边陲的罪恶之门。与此同时，《中英会议藏印条约》对中锡边界的模糊划分也为此后的第二次侵藏战争埋下了伏笔。

※ 第二次侵藏战争

根据中锡边界以梯斯塔河分水岭为界的原则，1894 年 9 月，印度总督额尔金指责西藏军队越界，要求勘界定边界。

当时正值中日甲午之战，英国人决定撇开清政府，试图从有离心倾向的西藏上层少数僧俗势力那里打开缺口。

10 月，时任英印殖民总督的寇松向英国政府建议，要“打开同达赖喇嘛直接交往的途径”。在获准后，寇松于 12 月送信给达赖喇嘛，但六个月后该信被原封退回。十分恼怒的寇松又送了一封口气强硬的恐吓信，称不排除任何“必要和恰当的步骤”，强迫实施《中英会议藏印条约》中的各项条款。但该信仍被达赖喇嘛退回。

十分难堪和恼火的寇松决定采取“更现实的步骤”。1901 年 6 月，寇松致信英国印度事务大臣汉密尔顿，称“如果英国在西藏无所作为，则不出十年，印度的北部近邻将沦为俄国的保护国……向前推进……使西藏而不是尼泊尔成为我们与俄国之间的缓冲国”。

但在南非陷入英布（布尔人，主要是荷兰裔南非人）战争泥潭中的英国政府无暇做出积极回应。1903 年 1 月 8 日，寇松又向英国政府提出武装入侵西藏计划，要求派遣武装使团进入拉萨。

在英国的西藏政策中，俄国有着重要影响。在英国控制喜马拉雅诸山国的同时，俄国也控制了浩罕、布哈拉和希瓦三汗国，从中亚逼近西藏，从而形成了“英俄交窥藏地”的局面。

面对咄咄逼人的德国，正在寻求俄国支持的英国政府否决了这个必将会刺激到俄国的提议。

但是，当 1903 年底日俄间因在中国东北的利益冲突不可避免地引发了战争时，英国政府批准了寇松的计划。11 月底，英国以通商和边界问题为借口发动了第二次侵藏战争。

1904 年 8 月 3 日，英国“探险队”进入拉萨。鉴于英国人在印度扣留土邦王逼签条约的“光辉事迹”，达赖喇嘛在 7 月 27 日出走，“决定离藏，先去蒙古，再去北京陛见皇太后和皇帝”。

荣赫鹏，这支“探险队”的领队，在将“应该索取的条款”送交驻藏大臣有泰时，狂妄地声称，“如有疑问，余愿予以解释，然更不愿加以讨论……必须接受之”。在侵略者的威逼恐吓下，有泰和摄政洛桑坚赞于 9 月 7 日签了城下之盟——《拉萨条约》。

同其他大多中国签订的不平等条约一样，《拉萨条约》的主要内容为：向英国赔款 50 万英磅，75 年付清；甲岗一带划归锡金；增开江孜、噶大克为商埠，由英国派商务官员共管商务；英国军队驻扎春丕谷，至赔款清缴或商埠妥立 3 年后最晚之日为止；削平拉萨至边界的炮台和军事设施。

根据条约，英国还获得了租借、游历、交通、矿产等一系列排他性权利。而且，条约规定，中英所订立条约凡关涉亚东各款，亦应在江孜、噶大克一律施行。

有泰擅自签约使清廷极为愤怒，认为“此次自应仍由中国与英国立约”，而不是英国与中国的地方官员立约。因此，清政府和达赖喇嘛均拒绝在《拉萨条约》上签字。在国际谴责及英国在野党的猛烈抨击之下，第二次侵藏战争的策划者寇松于次年被免职。

对于此次事件，列强竟然公然威胁说，如果清政府承认英国在西藏的优势地位，他们也将仿效，可见当时的清政府已了无威信。

虽然《拉萨条约》未被中国政府签署，但却以《中英续订藏印条约》（1906 年 4 月 27 日）附件的形式产生了效力。

在条约中，早先少有争议的主权问题也被正式地抛了出来。虽然英方未能把宗主权塞进条约中，但却以“英国国家允不占并藏境及不干涉西藏一切政治，中国亦应允不准其他外国干涉藏境及其一切政治”这样一段文字曲折地反映了出来。

※ 从主权到宗主权

虽然寇松在 1903 年 1 月致英国印度事务大臣汉密尔顿信中公然声称“所谓中国在西藏的宗主权，乃是一种宪法上的虚构，一种政治上的矫饰……在西藏的两个中国驻藏大臣，并不是在西藏当总督，而是当大使”，以否定中国在西藏的主权。

但是，汉密尔顿以“英王政府不能把问题看成只是关系印度和西藏……在决定对于仍然必须承认是中国的一个省份的地方采取行动时，不能不考虑那些已经变更的情况”回应了他。

随着德国威胁的加大，英俄两国开始妥协，西藏的主权地位成为交易的筹码。1907 年，英俄两国签订了《西藏协定》，为使西藏成为两国势力范围的缓冲地带，他们将宗主权塞进了条约。

至于英国，宗主权的提出“使西藏成为中、英之间的缓冲”，不仅可以阻隔俄国的渗透，还将从国际法上削弱中国在西藏的地位，试图隐蔽性地赋予达赖喇嘛“事实的以及合法的国主”地位。

此后，英国放弃了赤裸裸的武装入侵，开始加强从经济和政治范畴对西藏进行渗透。英国在江孜、亚东和噶大克等地设立商务代理处并派驻名为护商队的武装部队，成为侵略西藏的据点。其所谓商务代表与其说是商务专员，不如说是政治专员、军事专员。

可见，在自身权益已经得到保障的前提下，英国政府仍然愿意承认中国在西藏的主权地位。不过，这一局面并未维持太久，就随着辛亥革命的爆发和接踵而至的军阀混战结束了。

辛亥革命爆发后，乘中国无力西顾之机，英国一方面图谋西藏的门隅、珞瑜和察隅等地区，以构建一条“凝聚有自然与战略的力量之边界”，另一方面试图让北洋政府在西藏的主权地位上屈服。

1912 年 7 月 27 日，英印殖民政府出台了《关于印度东北边境毗邻国家形势的备忘录》，在备忘录的第二部分即《西藏新地位的性质》中，英印殖民政府提出要“西藏在名义上保留其在中国宗主权下自治国的地位，但实际上则应置于绝对依赖印度政府的地位”。

为了建立这一战略边界，英帝国主义于 1911 年底以其非法越界的间谍被处死为由对藏南地区发动了持续两年之久的阿波尔军事远征。英人对藏南的涉足，中国革命后的混乱及西藏上层少数僧俗贵族离心倾向的加剧，构成了西姆拉会议的历史背景。

不可否认，历经数十年的孱弱和帝国主义国家的肆意凌辱，加之英人的挑唆，不可避免地加剧了西藏上层僧俗贵族的离心倾向。1910 年 2 月 12 日，当新军钟颖部进驻拉萨时，达赖再次出逃了。

这一次，达赖喇嘛讽刺性地逃向了英国人那里。英国印度事务大臣莫利指示英印政府“宜利用时机优待达赖私人，以增进西藏之友谊”。1912 年 6 月，在达赖返回拉萨时，英人在其《送别文告》中称“印度政府希望看到西藏在中国宗主权之下保持内部自治”。

是的，十四世达赖集团和美国人后来玩了半个多世纪的所谓“自治”，也是英帝国主义者发明的。

1912 年 8 月 17 日，针对袁世凯于“驱汉事件”（钟颖部被迫离藏）后派遣川、滇军入藏维护主权的行动，英国驻华公使向北洋政府递交了《朱尔典备忘录》，主要内容为：英国虽承认中国对西藏的宗主权，但不承认中国有权干涉西藏的“内政”；英国不同意中国在拉萨或西藏保持无限制的军队。

备忘录将中国同英国就有关问题订立协议作为承认中华民国的条件，西姆拉会议粉墨登场了。

1913 年 10 月至 1914 年 7 月，中英藏三方会议在印度西姆拉召开。麦克马洪效仿俄国分裂外蒙的伎俩，提出藏族地区的“外藏”和“内藏”划分，“外藏自治”，并将之同承认中国的“宗主权”挂钩。

到这时，连宗主权的承认也是有条件的了。锡金政治专员柏尔更是撺掇夏扎在会上抛出了“大西藏国”独立的提案。

随着麦克马洪线的提出，英国人亲手缔造了此后“西藏问题”几乎所有关键词。当然，同中国任何一届政府一样，哪怕是多么的破碎和衰弱，北洋政府的态度是断然的拒绝。

第一次世界大战结束后，英国的霸主地位一落千丈，虽然以各种理由威胁要求重启谈判，但没有得到北洋政府的回应。

1921 年 8 月 26 日，华盛顿会议前夕，考虑到美国一直鼓吹门户开放政策并标榜尊重中国的领土和主权完整，担心会议将有“保全中国领土完整及取消各国势力范围之议”，英国外交大臣面交中国驻英大使顾维钧一份备忘录，即《寇松备忘录》。

虽然英国在备忘录中以“如果在近期仍不能重开有关西藏问题的谈判，他们就没有理由继续拒绝承认西藏是一个处于中国宗主权之下的自治邦”的言论相威吓，北洋政府仍然不为所动。

在这种僵局下，英国不得不把备忘录的基本内容作为其西藏政策的原则。这些原则同《西姆拉条约》大同小异，就是以宗主权取代主权，直接与西藏交往并在西藏内部培植亲英势力，最终达到把西藏变为保护英属印度北部边境的一个缓冲国的目的。

此后，英国在“西藏问题”上更加的“无所事事”，唯一的突破便是在 1936 年以国民政府在拉萨设立专属为由，强行在拉萨留驻黎吉生等人，设置了所谓“英国驻拉萨代表处”。

代表处成立后，取代了江孜英国商务代表处，成为英国干涉西藏事务的中心，在锡金政治专员的指挥下苟延残喘。

曾就任英国驻拉萨代表和印度驻拉萨代表的黎吉生直到 1950 年退休，一直从事分裂西藏的阴谋。从在拉萨开办英文学校培养亲英藏独分子到怂恿噶厦参加 1946 年的泛亚洲会议，无论是 1947 年的热振事件还是 1949 年的第二次驱汉事件，都有其身影。

甚至是，黎吉生同前来西藏进行间谍活动的纳粹分子海因里希·哈勒成为十四世达赖喇嘛的老师，他们对达赖的灌输直接导致了达赖后来的叛逃以及“西藏问题”在国际上的延续。

※ 渐行渐远

随着第二次世界大战的爆发和印度民族独立运动的风起云涌，已然没落的大英帝国在“西藏问题”上的影响逐渐淡化。

凭借珍珠港事件后美对德、意、日宣战的契机，中国同英美等国陆续废除了一系列不平等条约，列强在华特权也随之取消，但《中英会议藏印条约》及其赋予英国的特权地位却不在此列。

1943 年 3 月，在华盛顿参加中、英、美三方外长会议的宋子文向英国外交大臣艾登提出英国政府应该在“西藏问题”上做出明确表态的要求，《艾登备忘录》随之出台。

备忘录认为，在与中国结盟对抗日本侵略的背景下，英国有义务支持西藏“维护其实际上的自治”，但不应向西藏提供任何有效的物质支持，应采取既不承认也不否认中国对西藏的宗主权的政策。

仍然是“自治”。即便如此，《艾登备忘录》仍遭到古德和黎吉生等激进分子的不满。黎吉生撰文建议，应效仿俄国的蒙古政策，将西藏成为第二个外蒙古并如同俄国人控制外蒙一样控制它。

印度事务部和英印殖民政府也对备忘录予以抵制，但并没有用。

随着国际国内局势的好转，西藏地方政府的离心倾向也有所转变。1946 年初，出席国民代表大会的西藏代表团在给国民政府的公函中，称“我们将一如既往地继续保持和捍卫我们政教合一制度和领土，继续协商和解决与外国政府有关的边界纠纷”。

伴随印度独立运动的浪潮和中国国内解放战争的迅猛推进，英国人对西藏的兴趣逐渐淡去。在后来居上的美国人寻求帮助时，英国外交部正告美国务院，“我们过去之所以对西藏感兴趣，是由于它毗邻印度。现在英国的利益已经转给了印度政府，我们在该地区没有任何利益，我们认为，任何干涉西藏的企图都将是徒劳的和不明智的”。

但是，摆脱殖民地地位后的印度却继承了英国在西藏攫取的一切权利。1947 年 10 月 14 日，在《中英修订藏印通商章程》临近届满之时，南京国民政府将废约问题提上了议程。鉴于当时国民政府节节败退的局势，印度政府予以了拒绝。

印度在西藏的特权地位在中华人民共和国成立后的 1954 年才得以彻底废除。4 月 29 日，中印双方签订了《中印关于中国西藏地方和印度之间的通商和交通协定》，同时互换照会。根据协定，印度正式承认西藏是中国领土的一部分，中国在西藏地方拥有完全主权。

虽然直到 2008 年才正式承认中国对西藏拥有主权，但骄傲的英国人自 1947 年起就不可挽回地远去了。

第二节　并非朝圣

通过 17 世纪以来向远东和中亚地区的渗透，沙俄在 19 世纪中后期不仅直接统治了广泛信奉藏传佛教的布里亚特人、卡尔梅克人和图瓦人聚居区，还通过对中亚地区的征服接近了西藏，同英国人遥相呼应。俄英间在中亚地区寻求妥协线的博弈，加之对我国三北地区的觊觎，沙俄对西藏的宗教事务及政治地位有着极强的兴趣。

鉴于兴都库什山脉的阻隔以及英国在西藏的优势地位，沙俄并未对西藏采取直接军事入侵的政策，且不追求西藏的独立，其对西藏的侵略主要通过所谓地理考察和宗教间谍活动体现。

※ 得陇望蜀

在对中亚成功渗透的激励下，鉴于藏传佛教在蒙古高原及其周边的巨大影响，沙俄便萌生了侵占“达赖喇嘛住地”的构想，彼得大帝于 1721 年下令枢密院派人查明到达并占领该地的途径。

派遣地理调查团成为沙俄侵藏政策的主要组成部分，活动的主要目的是了解、控制并利用达赖喇嘛。

沙皇俄国认为“达赖喇嘛的权力并不亚于中世纪罗马教皇的权力……这一神权拥有二亿五千万信徒，一经掌握在有经验有天才的人手里，必定是一股可怕的力量。安抚他，笼络它，如有可能就和它交朋友……俄国可以从中得到可观的利益”。

因此，特别是在英俄因持续地向中亚腹地推进而导致激烈争夺的19世纪后期，沙俄考察队频频出现于昆仑山和唐古拉山区。仅1871—1885年的十多年间，由普尔热瓦尔斯基上校率领的调查团就先后五次到达青藏地区搜集情报。

19世纪后期，鉴于清朝的持续衰落，英俄间因对控制线的争夺导致西藏成为两国竞相争夺的中间地带。

与英国通过直接军事入侵不同，沙俄主要通过宗教间谍活动实施渗透，即鼓励喇嘛入藏朝佛、学经，进而对其中可靠人员委以政治使命，利用宗教影响达到间接控制西藏的侵略目的。

在这一政策鼓励下，至19世纪80年代末，在甘丹、色拉、大昭和扎什伦布等著名藏传佛教寺院学经的俄国喇嘛已多达二百人左右。这其中表现最为突出、在沙俄侵藏史中扮演重要地位的就是沙俄布里亚特蒙古人洛桑·阿旺·德尔智。

※ 间谍喇嘛

德尔智是沙俄利用喇嘛作为对外政策传播，并获取对外政策利益的具体体现。德尔智1853年出生于沙俄外贝加尔省，1873年到哲蚌寺学经，1888年获得拉让巴格西学位。

德尔智在拉萨学习生活了十余年，结交了一些僧侣贵族，获得了哲蚌寺郭莽扎仓参宁堪布（侍讲经师，达赖的首席堪布）的职位，成为十三世达赖喇嘛的十名侍读之一。

德尔智利用藏族人对英国侵略的仇恨心理和少数上层僧侣、贵族对清政府的不满情绪和离心倾向，不断向十三世达赖喇嘛等人灌输英国侵略可畏、清廷不足恃、唯有沙俄是西藏唯一保护者的思想，从而使已有求外援以抗英意向的西藏当局萌生了联俄思想。

在十三世达赖喇嘛于 1895 年亲政后，德尔智一跃进入西藏地方统治集团高层，不仅先后担任大堪布和“财政部长”等重要职务，还在 1898—1899 年作为达赖的全权代表访问欧洲诸国。

鉴于此，沙俄委德尔智以拉拢、控制达赖喇嘛的重任并不惜重金支持。虽然已经有所察觉的清政府为防止“俄人乘隙”，令驻藏大臣奎焕、廷茂等悉心查看、即行斥退，但已然是鞭长莫及了。

施舍寺院，捐助万金不惜。仗黄金之威光，声名喧于西藏的德尔智同时成为沙俄和达赖喇嘛的全权代表，频繁往来于圣彼得堡和拉萨，成为力促“西藏独立”的间谍喇嘛。

英国第一次侵藏战争后，西藏当局正式有了恃俄为外援的联俄倾向。置清政府的抗议于不顾，1898—1906 年，俨然成为十三世达赖喇嘛政治智囊的德尔智先后五次携带西藏当局的信件和使团前往圣彼得堡求援，得到沙皇的多次接见和保护西藏的承诺。

对于 1906 年德尔智的沙俄之行，沙俄媒体得意地声称“西藏使节之再度出现于俄境，足证德尔智此前奉使来俄，满载良好之印象而归，使达赖喇嘛决定与俄国缔结最友好的关系”。

但是，由于在争夺西藏权力博弈相较于英国不利的地缘条件，加之在满洲同日本的冲突乃至是战争，沙俄在“西藏问题”上投入的资源极为有限，除了 1902 年由“考察队”偷运的一小批军火外，其对西藏当局的承诺往往口惠而实不至。

但是，对于正积极侵略西藏的英国人来说，沙俄通过藏传佛教对西藏的有限渗透已不可避免地引起了他们的警惕。当寇松致达赖喇嘛的笔信连续被原封退还时，英国人认为是俄国人捣的鬼。

英国印度事务部副大臣哥德雷忧心忡忡，“就在印度总督遭受非礼待遇的时候，一个使团却公然派往俄国”。英国驻俄大使斯科特就此就德尔智率团访俄事质询沙俄政府，沙俄外交大臣拉姆兹多夫托词宗教事务，矢口否认俄藏间交往有任何政治性质。

※ 浅尝辄止

虽然获得了一些进展，但沙俄并未打算走远。日俄战争的溃败及随之而来的国内革命严重削弱了其对外干涉的实力和意愿。

在英俄于 1907 年中亚控制线划分谈判时，西藏就被沙俄当做换取英国在阿富汗和伊朗让步的棋子，沙俄默认了英国人对西藏的第二次武装入侵，只要英国人不吞并西藏就好。

因此，当十三世达赖喇嘛在德尔智的裹挟下抵达外蒙古的库伦时，沙俄政府建议达赖听从清朝政府指令返回西藏，并且，在英国人的反对下，终止了派遣武装卫队护送达赖返藏的计划。

沙俄外交大臣伊兹沃尔斯基更是坦白地表示，俄国在西藏没有直接的利害关系，俄国西藏政策的出路是以承认英国在西藏的优先利益为前提，换取英国在其它问题上的让步。

俄国的这种涉藏政策一直延续到沙皇俄国的覆灭。

对于英俄两国将中国西藏作为利益交换的工具，清朝政府极为不满，正如查办藏事大臣张荫棠所说，“总览西藏大势，介居英俄两大国之间，虎视眈眈，岌岌可危……今协约既定，藏地益危”。

被俄国人抛弃的达赖喇嘛于1907年8月4日抵达北京奏事。

面对英俄两国的过分行为，清政府加强了对西藏的管理。虽然设省之议在帝国主义国家的反对声中终止了，但驻藏大臣的权利有所加强，仲颖部新军也顺利进驻拉萨。

因仲颖部进驻而向南出逃的达赖，仍寄希望于沙俄，给沙皇写了一封求援信。在亲笔复信中，沙皇尼古拉二世告诉达赖，“我的政府正密切注视着‘西藏问题’的发展……在西藏事务上奉行一种同英国政府协调一致的政策，便是重要条件之一”。

内外交困的沙俄已经没有同英国争夺西藏的强烈愿望。当德尔智私自代表达赖于1913年1月同外蒙古签订互相承任独立的《蒙藏条约》时，沙俄极为不满，除了认为西藏独立不合时宜外，对西藏因此变为英国的殖民地的担忧也是一个重要的原因。

因此，当达赖于1915年10月派密使赴俄“寻求加强与俄国重建友好关系的可能性”时，正陷于第一次世界大战中的沙俄的态度是不承担义务和不表明意见的沉默。

1917年11月7日，十月革命爆发，沙皇俄国为共产主义的车轮碾碎了。此后，虽然策划了外蒙古独立并对中华人民共和国的西藏政策有所指责，但苏联政府在“西藏问题”上基本奉行不干涉政策。

第三节　伸向远方的手

同英俄两国不同，美国同西藏之间在地缘政治或宗教范畴上长期绝缘。因此，美国对20世纪40年代前的西藏政策较少有地缘政治因素考量，旨在防止中国利益被排他性条款所瓜分，在门户开放的旗号下维持中国形式上的完整、维护美国的商业利益。

随着美国对世界事务渗透的日益加剧，加之随之而来对孤立主义的抛弃，美国逐渐开始从地缘政治层面关注“西藏问题”，特别是在中国共产党确定了军事优势之后。随着铁幕的拉开，遥远的美国逐渐成为“西藏问题”国际化最为重要的一只推手。

※ 第一次接触

美国的涉藏史并不悠久，自1877年官方文件中第一次出现西藏一词，至冷战开启，是美国西藏政策的早期阶段。

在这一时期，威廉·伍德维尔·柔克义（1854—1914年）是一个关键人物。柔克义有两次在华工作经历，一次是1884—1887年出任美国驻华公使秘书，另一次是1905—1909年出任美国驻华大使。

柔克义对藏传佛教极感兴趣并曾在法国巴黎专门研习过藏传佛教，在担任驻华公使秘书期间还专门学习了藏语。柔克义是除传教士外第一个进入藏族地区的美国人，是开启美国涉藏政策的第一人。

1887年，柔克义辞去外交官工作，在美国施密森研究所的资助下开始了1888—1889年的第一次西藏之行。同1891—1892年的第二次西藏之行一样，柔克义没有如愿进入西藏，其活动仅限于康青地区。随后，柔克义撰写了大量有关西藏的文章和书籍，如《1891—1892年蒙藏旅行记》《西藏民俗学》《达赖喇嘛和满清皇帝的关系》《达赖喇嘛之国》等，成为美国藏学研究的先驱和代表人物。

1908年，在出任美国驻华公使期间，柔克义先后两次在五台山和北京会见了逃往内地的十三世达赖喇嘛。对于达赖寻求美国支持的态度，柔克义劝说其顺从清廷旨意返回西藏。

柔克义不仅向美国总统报告了有关情况，而且在回国时带回了达赖送给总统的礼物。虽然此时美国在“西藏问题”上的角色和决心微不足道，但柔克义开启了美国卷入西藏事务之先河。

促使美国官方第一次明确对“西藏问题”表态的是寇松 1903 年的战争言论，明确了西藏是中国一部分的态度。在民国成立后，北洋政府对英方威胁的无视其实得到了美国的默认。

即便国际存在感在第一次世界大战后急遽彰显，美国仍然对“西藏问题”维持了“不感兴趣”的态度。但是，它的态度是明确的，那就是“中国的完整……西藏、蒙古和新疆都是中国的一部分”。

不过这不是故事的全部，在这一时期，在国际法层面，美国的态度是暧昧的，那就是它眼中中国领土的完整，赋予了西藏宗主权的意味。如同美国总统罗斯福在 1907 年提交给国会的年度报告以及美国政府在 1919 年关于建立国联盟约的建议中所体现出的，那就是西藏是可以宣布独立的“政治没有独立的地区”。

※ 兴趣渐浓

随着二战的爆发，特别是太平洋战争爆发后战场向喜马拉雅山脉东麓的蔓延，美国开始与西藏产生直接的接触。在这一时期，鉴于中美的同盟国关系，虽然对西藏的战略地位有了直观的感受，但美国并未颠覆其涉藏态度。不过美国开始认真考虑“西藏问题”，并初步展示了干涉“西藏问题”的潜在意志。

对于此时英国人在关于修建一条通过西藏的战略公路问题上的顽固态度，美国国务院向英国政府声明，“美国……深知中国政府一贯坚持对西藏拥有宗主权……中国宪法将西藏列入中华民国版图的事实，美国政府对此从未提过异议。”

既承认西藏在中华民国的地图之上，又明确抛出宗主权问题，这就是美国之于“西藏问题”的实用主义态度。

随着中缅印战场重要性的增强，罗斯福总统于 1942 年 5 月 12 日批准了战略情报局代号为 FE-2 的入藏计划。

这个秘密赴藏侦查行动 10 月开始执行，领队是俄国大文豪托尔斯泰的孙子、美国陆军上校伊利亚·托尔斯泰，其助手为著名探险家布鲁克·多兰。他们于 1942 年 12 月抵达拉萨，为年仅八岁的十四世达赖喇嘛带去了罗斯福总统以宗教名义写的信件。

在拉萨的三个月间，托尔斯泰一行对西藏独立的想法表示出了同情，并建议为噶厦赠送一套无线电设备。虽然美国政府对向西藏提供电台持谨慎态度，但拉萨仍然于 1943 年 11 月获得了电台。1946 年底，杜鲁门总统又亲自下令送去数台供发报机用的发电机。

由此可见，在这一时期，美国的西藏政策具有矛盾性。正如美国助理国务卿伯利特别向战略情报局主任多诺万所强调那样，“我们与西藏当局的任何关系或可能采取的任何对于西藏的行动，最好均避免无故地或无意中而得罪中国政府。”

1948 年，随着中国共产党在解放战争中的优势逐渐凸显，失去中国的预期和铁幕的拉开使得美国开始认真考虑其西藏政策，开始注意西藏在亚洲反共产主义扩散屏障中的地缘政治地位。

鉴于此，在 1947—1949 年噶厦所谓“西藏商务代表团”访美期间，就体现出美国对西藏政策的具体变化。虽然号称是所谓“商务代表团”，但根据领队夏格巴《藏区政治史》一书，该团最重要的目的就是游说以美、英为首的西方国家支持“西藏独立”。

虽然经中国政府的严正抗议，美国驻香港总领事馆仍然为代表团签发了赴美签证。对此，美国政府将责任归结为驻香港总领事对发给签证规定的误解。虽然美国将此次访问定性为非官方，但美国国务卿马歇尔和财政部的一些官员仍然会见了夏格巴。

当国民党在大陆败局已定时，1949 年 4 月 12 日，美国驻英大使亨德森向美国政府强调改变西藏政策的重要性，指出“如果共产党成功控制了西藏，那么传统的美国西藏政策就不再符合美国的利益……一个共产党控制的西藏将对非共地区的南亚特别是印度构成严重的威胁。西藏会为共产党代理人向印度渗透提供一个极具价值的基地……如果共产党能够稳固控制达赖喇嘛，那么他们牢固控制中亚人民的几率就会大大增加，因为达赖喇嘛在众多中亚佛教徒中，包括在西藏、蒙古、新疆等地的佛教徒中受到了广泛的尊敬”。

据此，美国政府出台了《四月备忘录》，认为“如果共产主义真正控制了中国，西藏就将成为亚洲大陆仅存的几个非共产主义堡垒之一，由此不难设想，西藏将在意识形态与战略上具有重要意义”，从而得出西藏独立对美国有利，但不公开申明政策改变的结论。

支持但不承认，这正是美国的涉藏政策。

为了构建遏制东方的屏障，非汉族、非共力量都进入了美国的视野，因为美国需要“来自亚洲腹地的西藏族人、蒙古人、哈萨克人的情报”。1949 年出台的《军事援助法案》就是试图对这种力量进行利用的尝试，西藏也由此开始成为美国遏制中国的一个工具。

因此，当西北野战军解放新疆时，9 月 27 日，美国政府命令驻乌鲁木齐领事馆副领事马克南协同白智仁经西藏撤退。

虽然马克南在途中遇害，但白智仁还是于 1950 年 6 月 11 日抵达拉萨。在给美国驻印使馆的报告中，白智仁称其向藏族人强调“中共不可信……”，向他们提出“派遣年轻学生去美国……学习”以及“派遣一位受过良好教育的喇嘛去美国……让美国人民相信西藏独立及双方发展友好关系的可能”的建议。

同时，白智仁提醒美国政府，在西藏所能依靠的只是贵族、富人和上层僧侣。因此，美国此后只得通过干扰西藏和平解放、策动达赖外逃、军事援助叛乱分子、以宗教自由等名义干涉中国内政，并利用达赖喇嘛的宗教影响进行分裂中国扰乱藏族地区的活动，成为支持达赖集团的首要力量，成为“西藏问题”国际化的重要推动力。

※ 后来居上

当中国政府于 1951 年 5 月 23 日同西藏地方政府签订和平解放西藏的《十七条协议》以后，美国不仅否认，而且积极促动达赖喇嘛否决协议，强调只要西藏方面公开谴责协议，美国就会全力帮助；一旦达赖逃离西藏，就发表公开声明称达赖为“西藏元首”。

在中美关系缓和前，美国政府对达赖集团的支持属政治和军事范畴。主要由中情局根据艾森豪威尔于 1954 年 3 月 15 日批准的 NSC5412/2 计划，执行帮助达赖集团的秘密行动。

在 1959 年 4 月制定“战略性沉默”的西藏政策后，美国开始执行在外交不承认的前提下的实际支持政策。

在协助达赖出逃后，中情局通过资助达赖并帮助训练、空投武装分子回西藏搞分裂活动的涉藏政策得以全面实施；根据同四水六岗卫教军签订的《加尔各答协议》，中情局通过嘉乐顿珠对卫教军提供武器和资金支持，以对境内进行武装袭扰。

虽然中情局在尼泊尔成立名为“亚利桑那直升飞机”的航空公司对卫教军提供支持，但却无所作为。

随着中美关系的缓和，中情局对卫教军的支持开始萎缩，并于 1974 年终止。四水六岗也于是年为尼泊尔政府所剿灭。达赖集团再一次成为大国博弈的牺牲品。

美国的涉藏政策服务于其实用主义的外交政策，在中美关系缓和以应对苏联威胁的大格局下，美国对达赖集团的支持大为减少并转入隐蔽。但美国并未放弃“西藏问题”的利用价值，只不过宗教、自由等议程取代了军事和政治议程，国会取代了中情局。

从 1987 年第一个“涉藏法案”出笼至 2006 年，美国国会共提出 200 余项涉藏议案。议案内容不外乎谴责、攻击和建议，诸如抨击中国“迫害藏族人”“打压藏传佛教”等是其主要内容，遇有突发事件则要求中国政府与达赖集团进行“实质性”对话、要求派遣观察组监督西藏局势，等等。高高在上的仲裁者形象跃然。

同时，参、众两院还通过邀请“藏独”分子发表演讲和出席“西藏问题听证会”等形式为达赖集团张目。达赖的“五点和平计划”就是 1987 年 9 月 21 日在国会人权小组演讲中抛出。2008 年的 3·14 事件后不久的 3 月 21 日，美国众议院议长佩洛西专程前往达兰萨拉与达赖会谈，手牵手以示声援。

在美国通过的有关法案中，《1998 年国际宗教自由法案》影响最为恶劣，每年的中国信仰自由报告即滥觞于此。正如我国五大宗教团体秘书长联席会议于 2011 年 9 月 16 日所声明：美国国务院的报告无视基本事实，热衷于抹黑中国形象，无事生非，挑起争端，不知意欲何为。中国宗教信仰高度自由，只有那些想通过宗教表达点宗教之外的意识或做点宗教之外的事的人才会感觉到有问题。

而美国国会通过的《2001 年西藏政策法案》明确了继续为达赖集团提供活动经费的态度。即便是在金融危机肆虐的 2009 年，国会给达赖集团的拨款也高达200万美元。而根据《法案》成立的“国会及行政当局中国委员会”同“西藏事务特别协调员”一起扮演了干涉“西藏问题”的官方角色。

而成立于里根总统时期，由“国际开发署”负责，受美国政府和国会的监督的“国家民主基金会”承担了白手套的角色。基金会以“促进民主”为名为达赖集团输血，成为美国外交政策的延伸。

此外，在美国不仅通过操纵联合国通过了三个涉藏决议，而且还开创了国家元首任期内接见达赖的先例。美国罔顾事实地肆意干涉和虚假宣传建构了一个虚假的西藏——达赖形象。

第四节　远未终结的意识形态

作为人类文明最初的体系化的象征和载体，宗教在文明发展史和民族认同乃至是近现代国家建构方面发挥了极为重要的作用。鉴于在欧洲民族文化和民族认同范畴的主要作用，特别是长期凌驾于世俗政权的历史经历，在经历了文艺复兴和始自 1517 年的宗教改革运动及其后一系列近代民族国家政权的建立，基督教才最终回归耶稣所倡导的“凯撒的归凯撒，上帝的归上帝”的宗教—政治关系原则。

与此同时，作为一个从联合西亚·北非破碎社会政治文化板块的旗帜和纽带的宗教文化现象，伊斯兰教迅速发展成为一个遍及亚非欧三大洲的，作为政治意识形态和社会道德规范的世界性宗教。长期以一个强大的军事政治存在示人的伊斯兰教的政治地位也随着奥斯曼土耳其帝国的崩溃以及欧洲殖民主义势力的入侵而导致的一系列近代民族国家的建立而有所下降并逐渐式微。

但是，即便是在科学文明高度成熟的当代，宗教的社会作用特别是在精神慰藉和社会道德规范范畴仍然发挥着不可忽视的作用。纯粹的宗教信仰自由是每一个人的基本权利，并在世界范围内为各个国际组织和国家所广泛界定和遵守。除极少数以伊斯兰教为“宪法”的极少数国家，各国也都在宪法中明确了宗教自由的原则以及政教关系原则。政治制约宗教和宗教分离的原则在大多数国家政教关系中广为体现已是既成事实。因此，政教分离的原则和政治制约宗教即便是在政治性最强的基督教和伊斯兰教世界仍然被广为遵守。

联合国通过的三个文件：《世界人权宣言》《经济、社会、文化权利国际公约》《公民权利和政治权利国际公约》也对宗教信仰自由有着明确规定。《世界人权宣言》规定：人人有信教自由的权力。此项权利包括人人都有改变他的宗教或信仰的自由以及单独或集体、公开或秘密地以教义实践、礼拜或戒律表示他的宗教或信仰的自由。

与此同时，鉴于宗教在西方历史政治中所扮演的不光彩角色及宗教在社会动荡和民族对立范畴中的黑暗历史，由西方主导的国际社会制定了严格的国际条约对之加以限制。根据《公民权利和政治权利国际公约》：任何鼓吹民族、种族或宗教仇恨的主张，构成煽动、歧视、敌视或强暴者，应以法律加以制止。

因此，在现代主权国家为主要行为体的现代国际关系中，国家主权和国家利益高于一切的原则被广泛遵守。在保障政治在政教关系中的主导性地位的前提下维护宗教信仰自由是现代主权国家的宗教政策的准则。也就是，在保持国家主权统一和社会安定的前提下，充分尊重纯粹的宗教信仰的自由，而涉及危害国家安全、社会稳定和敏感领域的情况在任何主权国家中都是不被允许的。

※ 虚伪的高尚

这只是表象，事实是怎样的呢?

1998 年 5 月 14 日，美国众议院通过了《1998 年国际宗教自由法案》。根据该法案，美国得设立相关机构用于支持、资助“肯定会协助促进宗教自由权利”的宗教团体、促成“肯定会促进宗教自由权利”的宗教领袖的到访和互动、为“促进宗教自由权利方面做出杰出而卓著的贡献者”颁发海外服务奖、发布“宗教自由”方面的“囚犯”名单和情况简报；并且，该法案还要求美国海外使节在“适宜和有利的时候”同“宗教方面的非政府组织”进行高层会谈、同被关押的宗教犯进行会谈、与“宗教自由领袖”间互访……

但何谓“宗教自由”，何谓“肯定会协助促进宗教自由权利”的宗教团体和领袖，何谓“杰出而卓著的贡献者”等概念的解释权归美国所有。因而，达赖成为了促成“肯定会促进宗教自由权利”的领袖，达赖集团成为了“肯定会协助促进宗教自由权利”的宗教团体和“宗教方面的非政府组织”，中国国内的打砸抢分子成为了“宗教自由”方面的“囚犯”……据此，达赖集团每年都从美国手中拿到大量的“藏独”经费，达赖集团大小头目常常在“适宜和有利的时候”频频会见美国官员和海外使节，达赖喇嘛常常在“适宜和有利的时候”频频到访美国同美国总统会谈并拿走一个个冠冕堂皇的奖章……

而有此种“情节”和作风的远不止美国一国。可见，即便是在冷战结束二十年后的现在，遏制和冷战思维仍然活跃在西方的外交领域。然而，与其说这种遏制和冷战思维，是意识形态差异所致，不如说是西方国家的以维持旧国际政治经济秩序，以搞乱、分裂中国为目的侵略行为，是对纯粹的丛林法则的践行而已。

法国《费加罗报》中《抵制的陷阱》一文就认为，在西方支持“藏独”的活动中，人权大旗背后隐藏着反华情绪。但对于有着贩卖、屠杀土著以及种族歧视、隔离政策的西方国家来说，民主、自由、法制等都属于上层建筑，是他们提倡的伪意识，只有在这些原则是出于实用主义目的的时候才会被制定。

那么以美国为代表的西方国家拿宗教议题敲打中国是出于什么样的实用主义目的而制定的？对此，以《文明的终结》一书享誉世界的美国学者弗朗西斯·福山曾扬言：“中国可能在某个时间点崩溃。”而前驻中国大使洪博培宣称：“我们应该联合我们的盟友和中国国内的支持者扳倒中国。”中国崩溃、扳倒中国等煽动性言论，赤裸裸地道出了西方反华势力操纵“西藏问题”的实用主义目的。

西方社会之所以出现这种现象，除了对中国模式的否定以及彰显自己摇摇欲坠的贵族地位等原因外，意识形态是一个主要因素。

继2008年“张丹红事件”之后，德国之声于2010年末至2011年初以“政治不合格”为由开除4名华人记者的事件清楚地表明了西方反华势力的政治正确性，那就是抛弃理性和公义不吝言辞地攻击中国。这些无时无刻不在攻击、诽谤自己祖国的人觉得自己做得还不够。

因为中世纪的黑暗记忆，欧洲国家对政教关系极为敏感。2011 年 9 月，德裔教皇本笃十六世在对德访问期间，在联邦议院发表演说遭到大多数议员抵制，理由是“允许一位宗教领袖把议会当作论坛，违背了国家宗教中立的原则”。但是，当达赖喇嘛被邀请在德国议会演讲时，到处都洋溢着对其的大肆吹捧。

西方反华势力不仅吹捧达赖，为其颁发诺贝尔和平奖，而且对中国社会中的异议分子也极为关注。美国《外交政策》杂志于 2010 年 11 月公布的全球“百大思想家”名单中，入选的 6 名中国人中排名最靠前的竟是陈光诚和艾未未。而美国《人权观察》出笼的 2012 年“赫尔曼·哈米特奖”获奖者名单，41 人中竟有 12 名是中国人，并有 7 人是维、蒙、藏等少数民族，他们几乎都坐过牢或正在狱中。这些人或许就是洪博培口中那些所谓“中国国内的支持者”。

同时，为财团控制的西方媒体也加入其中，成为推广西方意识形态、扳倒中国的积极践行者。比如法国第一大报《世界报》网站的国别栏居然设有中国和西藏两个栏目，而且其所报道大多是“侵略”“自焚”“屠杀”“镇压”“和平示威”等虚假消息。

对于西方反华势力的傲慢与偏见，2011 年 12 月 12 日，朱维群在布鲁塞尔对欧洲学者、官员和媒体说：“欧洲有的国家在不是很远的过去，两次发动侵略西藏的战争。在 1904 年那次战争中，他们在一个山谷里一次就用现代化枪炮‘文明’地屠杀了我们 600 多藏族同胞，那个时候你们有谁给我们的西藏老百姓讲过人权？西方有的国家 1951 年用枪炮支持西藏地方政府反抗和平解放，1959 年直接怂恿和支持达赖集团发动武装叛乱，不仅是‘道义’上的支持，而且直接空投武器、训练特务，反对西藏的民主改革，那个时候你们有谁给西藏人民讲过人权？我们在西藏所做的一切，包括解放百万农奴，包括发展经济，提高老百姓的生活水平，包括宗教信仰自由，包括保护和发展西藏的文化，都是为了西藏的人权，而你们西方人在西藏做过多少有利于人权的事情？你们自己数数看……很抱歉，一些西方国家的人权记录我今天没有时间一一列举。”

综上可见，西方这些在不是很远的过去曾赤裸裸地入侵了包括中国在内的许多国家，并一手制造了图谋肢解中国的“西藏问题”。但是，在当今国际政治经济形势下，仍然是这些貌似回头是岸的西方国家，转而拿起了“平等”“自由”“人权”等意识形态大棒不断敲打中国，在彰显其摇摇欲坠贵族地位的同时，预谋着一个借包括“西藏问题”在内的历史遗留问题肢解并扳倒中国的计划。

※ 舆论幻象

西方的中国形象经历了由褒到贬的过程，欧洲文艺复兴时期中国高度成熟的政治、制度和文化曾是欧洲人学习和效仿的榜样，乃至在 17—18 世

纪的欧洲曾出现过长达百年的中国潮。中国在欧洲形象的衰落始自欧洲工业革命，特别是鸦片战争。

中国两个多世纪的孱弱和屈辱不仅导致近代的积贫积弱，而且奠定了西方社会负面的中国印象和诸如“西藏问题”之类的纷扰。

而西方社会对西藏地区的印象演变完全相反，从好奇到贬低再到推崇，经历了一个由贬到褒的过程。

恶劣的地理环境和闭塞的社会氛围导致欧洲长期对西藏充满好奇，引来无数传教士和探险家。传教士和探险家的失败旅行，加之西藏的独特地貌和文化魅力，西方社会对西藏的兴趣有增无减，不仅流传有各种奇幻传说，而且还开创了藏学这一当今显学。

但是，当英国人用大炮轰开西藏的大门之后，西方人的西藏印象则急转而下，留下的记忆充满了鄙夷。

这一现象的背后，一方面是由于工业化时期西方社会盛行“社会达尔文主义”，另一方面是工业文明的代差所导致的西方中心主义泛滥，西方社会在观察亚洲民族时开始充斥傲慢与偏见。

比如，在1924年出版的《化装前往拉萨》一书中，作者蒙哥马利·麦戈文称西藏为“肮脏的天堂……没有一个地方像高原上的这座城市一样死气沉沉……虱子比人生活得快活……西藏的狗像西藏族人一样野蛮，恃强凌弱，但是内心却非常懦弱”。

其他如瓦德尔的《西藏的佛教和喇嘛教》《拉萨及其神秘》、荣赫鹏的《英国侵略西藏史》、大卫·妮尔的《西藏的神秘与巫师》也都持有同样的态度。瓦德尔就认为藏传佛教是“佛教的一种堕落的形式，一种剥削的牧师特性和一种迷信的粗野无知”。荣赫鹏更是认为藏族人是“不道德、过分依赖宗教、肮脏和懒惰的”。

西方现代社会的西藏印象之所以得以逆转，源自人们应对物质和精神追求的矛盾及其所导致的信仰危机，而藏传佛教成为他们可以消费的选项。但西方政治社会出于意识形态偏见而试图扳倒中国的考量也是导致这种现象的一个重要原因。他们试图达到这一目的的手段就是宣传。美国国会文件公然宣称“广播是推行对外政策最宝贵的工具……是足以颠覆社会主义社会的唯一手段”。

但是，由于媒体的商业化及集团化，媒体—资本—政治间达成了一种默契的平衡。如同《媒体话语权：美国媒体如何影响世界》一书所说那样，“美国媒体不再反映现实，它就是现实”。

就美国来讲，不仅财团控制的媒体对“西藏问题”轮番进行歪曲报道，国会还为专门对进行意识形态宣传的媒体拨付经费。在资本的支持下，美国之音和自由亚洲广播电台都设有藏语频道和专栏。

虽然美国有削减藏语广播经费的提议，但并未付诸实施。历史优越感和意识形态偏见使得各种媒体将有关中国的报道塞进越来越标准化的政治正确模式之中，欺骗性和选择性的虚假报道充斥其中。

具体到“西藏问题”范畴，西方社会在妖魔化中国的同时极力渲染“西藏问题”和达赖喇嘛。西藏的幻象充斥杂志、报纸、图书、电影之中，在虚假的舆论宣传下，西方社会在建构“香格里拉神话”和“慈悲的达赖喇嘛”的同时，建构了一个刻板和“邪恶”的中国。

今天，藏传佛教已被建构成西方文明的拯救者和恢复其精髓的滋补良药，而西藏被想象为人性的绿洲，是一个可以摆脱世俗生活、追求精神享受的地方。在电影导演卡普拉的影片中，西方以往描述的肮脏的街道、随意的宗教仪式，贫穷和荒芜以及恶劣的气候、农奴制度和神权专制都从观众眼前消失了。取而代之的是一个寻求精神寄托和心灵慰藉的“净土”和“天堂”，一个西方人的“西藏梦”。

与此同时，西方媒体对达赖喇嘛的美化不遗余力，将达赖集团策划的恐怖和暴力事件描述成“和平示威”。在由达赖集团一手策划的 3·14 暴力事件中，暴徒当街殴打杀人，并大肆劫掠纵火。对此，中央政府保持了极大的理智,顺利平息了这一事件。但西方媒体却强调这是一次“和平示威”，而中国政府的理性处理被描述成“镇压”。与此同时，西方媒体反复加强这是一场 Tibetan 和 Chinese 间冲突的印象，刻意造成藏族人不是中国人的效果。

英国广播公司、法国《费加罗报》等西方主流媒体连篇累牍地报道太多充斥虚假的报道和评论，如“中国警方向西藏僧侣开枪”“西藏处在高压政策下”“西藏族人民终于难压满腹怒火”“藏青会随时准备拿起枪”，等等。为了欺骗民众，西方媒体不仅发布张冠李戴、刻意剪辑的虚假报道，而且以达赖集团为主要乃至唯一的消息来源。

西方媒体的这种行为为自己所谓客观、公正的媒体形象蒙羞。

2009 年底以来，以达赖喇嘛“退休”和“流亡政府选举”为噱头，境内外藏独势力日渐癫狂，他们不惜煽动境内无辜藏族人自焚以吸引眼球，赚取日渐自顾不暇的国际反华势力的支持，从而达到其“境内活动、境外炒作、内外施压”的目的。

对于这种违反基本人性的极端行为，西方社会不仅不加以公正评价，而且片面采信达赖集团的说辞，多以“反抗镇压”“反对中国侵略”的强烈的意识形态色彩加以报道。

而对于鼓励、支持藏族人“自焚”，频频称赞“自焚者”勇气的达赖喇嘛，西方媒体却为之辩护，强调其诺贝尔和平奖获得者身份，认为这是“中国政府的诬陷”，并称达赖“一直致力于西藏非暴力”，等等。就英国报纸销量和影响力中很大的《卫报》和《每日电讯报》来说，其对“自焚”事件的报道同“西藏之声”不仅时间同步，而且有关事件、地点等详尽描述和评论也大同小异。

同时，美国影视界在宣扬“西藏问题”上的作用不可低估，上个世纪末美国相继推出大量不合乎事实、带有强烈意识形态色彩的涉藏影视片——《红旗下的西藏》《困顿》《西藏七年》《风马》等，对误导美国民众的“西藏观”起了极大的作用。

2010 年 1 月，第 21 届美国棕榈泉国际电影节评选“藏独纪录片”《云后的太阳，西藏自由斗争》为最受观众欢迎的影片之一；美国科罗拉多州出版了一本名为《拉萨魔术师》的小说，在这部小说中一位老师向一名叫丹增多吉的年轻西藏僧人讲述了他的国家被中国政府侵略的故事，随后这位年轻僧人以国家所遭遇的苦难为动力，带着两部经书投入救国运动的故事。

由于西方媒体的信息来源通常是“西藏流亡政府”“西藏信息网络”“自由西藏学生运动”“藏青会”“藏妇会”“国际声援西藏运动”“国际西藏法学家委员会”“国际西藏运动”“国际西藏青年议会”“西藏之家”“西藏之声”等藏独媒体，各种虚假信息充斥其间。特别是诸如美国之音等价值观传播定位较为明确的媒体。

有鉴于此，美国之音在美国本土遭到立法者的反对，1948 年 1 月通过的《史密斯－蒙特法案》（Smith-Mundt Act）第 501 款明确禁止美国之音、自由亚洲电台等媒体对美国国内的广播，禁令至今有效，这使得绝大多数美国人没有机会收听到美国之音。

因此，对于西方反华势力以普世价值为名的恶意宣传，中国国新办在《2011 年美国的人权纪录》中回应称，虽然美国极力标榜其新闻自由，但美国对新闻未进行严格的审查和控制，新闻自由已沦为美国打压别国的政治工具和谋求霸权的说辞。

法国哲学家米歇尔·福柯（Michel Foucault）认为话语就是人们斗争的手段和目的，即话语是权力，人通过话语赋予自己以权力。话语权是一种非暴力的思想文化意识形态的控制手段。国际话语权竞争其实是价值观和传统文化的竞争。

西方社会对西藏和西藏文化美化和神化固然有现当代社会的反思和信仰危机等因素，但媒体的宣传力量更为重要。因为对于广大的社会公众来讲，媒体是其了解世界最重要乃至是唯一的渠道。以美国为首的西方社会通过操纵舆论，进行选择性和虚假报道，为西方社会建构了一个虚假的中国—西藏印象。

西方媒体这种意识形态化的虚假宣传严重影响了西方民众对“西藏问题”的正确认知。许多西方民众认为1950年之前的西藏是一个独立国家，人民生活幸福，是一个没有抱怨、没有阶级的天堂，而中国士兵“毁灭”了它。

现如今，达赖喇嘛和达赖集团已和宗教自由、人权、非暴力等理想联系在一起，在全球聚集起许多支持者，从国会议员到嬉皮士、灵魂论者、宗教皈依者、流行摇滚音乐人、学生、显要权贵，乃至是前法国军队外籍军团成员……

达赖也因此获得了一系列的名誉和奖章，仅2010年达赖就获得了美国国家民主基金会颁发的“民主服务奖”（2月19日，基金会主席格什曼在颁奖仪式上称“达赖在面对残暴势力和侮辱言词时所表现出的道德勇气和自信，不仅令其民众充满希望，而且给世界各地受压迫者带来期望”）、多伦多荣誉市民（10月23日，多伦多市长称“达赖喇嘛在世界各地提倡和平、忍让、社会公义、人人平等，这伟大情操谁可比拟？”）、人文荣誉博士学位（5月18日，北爱荷华大学授予，当天活动募集了32,000美元）等奖章、荣誉和学位。

但是，在西方社会中，还是有一些持公正立场的明白人，虽然其研究和观点在西方社会中遭到边缘化，但他们对西藏的准确认知仍然值得称道。比如谭·戈伦夫（《现代西藏的诞生》）、梅·戈尔斯坦（《西藏现代史——喇嘛王国的覆灭》）、奥维尔·斯且尔（《虚拟的西藏——从喜马拉雅山到好莱坞寻找香格里拉》）、马克西姆·维瓦斯（《并非如此“禅”：达赖隐匿的另一面》），等等。

斯且尔《虚拟的西藏》一书描述了西方的电影、书籍、报纸等如何共同塑造了香格里拉神话，并最终沦为香格里拉囚徒的全过程。

2011年，法国的马克西姆·维瓦斯出版了《并非如此“禅”：达赖隐匿的另一面》一书，作者在书中以犀利的笔触揭露了达赖喇嘛隐藏在表象背后的真面目。通过对西藏的实际走访和对新旧西藏的对比，维瓦斯看到了法国乃至西方媒体上从来没有报道过的景象，从而以颠覆西方意识形态的视角写了这本论著。

这不仅是西方第一本系统揭露达赖喇嘛真实面目的著作，而且是第一部剖析藏传佛教在“西藏问题”国际化中作用的著作。这本书或许改变不了西方涉藏研究的大趋势，但在西方面临一系列经济和社会问题的情况下，对其固执的意识形态偏见的修正已势不可挡。

※ 神圣的主权

战争是政治的延续，主权是政治永恒的主题。远古文明古羌人奠定的血缘基础，漫长的文明时期的相互交融的文化基因，元以来休戚与共的命运共同体，共同奠定了中国的主权和版图。

因此，无论帝国主义国家怎样地蹂躏，也改变不了中国对西藏的主权地位。无论旧西藏极少数上层僧俗贵族怎样仰仗某个帝国主义国家试图分裂自己的祖国，换来的终将是赤裸裸的侵略和出卖。无论十四世达赖集团将手伸到何处，或许会换得些许可怜的施舍，但他们最终得到的仅仅是对其使用价值的一次次压榨。

用谎言掩盖谎言的游戏是危险的。在现代国际关系体系下，是主权而不是其他什么塞了私货的所谓“普世价值至上，主权是神圣的，不应该也不允许亵渎”，这是一个底线，也是政治道德。

西藏的山河是壮美的，西藏的文化是瑰丽的。但是，无论出于何种考量，虚构“西藏问题”和美化十四世达赖喇嘛都是有百害而无一利的。只有客观认识藏传佛教，并使其去政治化，我们才能认识到真正的西藏，才能真正享有藏传佛教所带来的解脱感。也只有这样，海内外藏传佛教才能够健康发展并发扬光大，为人类的心灵世界带来新风。而一味地强调西藏“最后一片净土”的纯洁性并反对西藏的现代化建设，试图将西藏和藏族人作为一个“标本”以供自己猎奇，本身就是一种种族主义的表现，任何时候西藏都不是谁的免费博物馆。

后　记

去年春夏之交的四个半月里，我在中央党校学习，期间有一项重要任务，就是完成好《走进历史深处》这本书的编撰工作。这也是去年讲师团的重点工作之一。中央党校的学习给予我难得的思考过程和写作机会。于是，在编撰图书的过程中，我也完成了这篇在中央党校学员论坛上的主题发言，今且作为后记以飨读者。

从《史记》有关青藏高原的记载解读中华民族多元一体论

在西藏，与很多人一样，我有个特殊的称谓——“藏二代”。我出生、成长、生活在高原上，对习近平总书记在中央民族工作会议上的重要讲话感同身受。总书记深情地说道：“各民族共同开发了祖国的锦绣河山、广袤疆域，共同创造了悠久的中国历史、灿烂的中华文化。”

当我们生活、行走在西藏，就能切身感受到各民族间兄弟般的情谊。无论是官修正史还是稗官野史，文学艺术还是民间传说，文物古迹还是建筑服饰，都为我们默默述说着中华民族多元一体的融合历程。

习总书记多次强调，要让收藏在博物馆里的文物、陈列在广阔大地上的遗产、书写在古籍里的文字都活起来，为人类提供正确的精神指引和强大的精神动力。

作为二十五史之首的《史记》，记载了黄帝至汉武帝两千多年的历史，体现了太史公四海之内皆兄弟的民族史观，其中《五帝本纪》《六国年表》《建元以来侯者年表》《卫将军骠骑列传》《西南夷列传》，都有关于青藏高原远古先民古羌人的生动记载，勾勒描绘出中华民族多元一体的早期形态。

今天，结合我的工作，同大家交流《史记》中有关青藏高原的故事，向大家汇报我的心得体会。

一、什么是古羌人，他们同汉藏间的关系如何

《史记·五帝本纪》载，“黄帝居轩辕之丘。”

《史记·六国年表》载，“禹兴于西羌。”

轩辕之丘即今天青海省内的祁连山。西羌是民族划分远未成熟时古人对西部地区居民的统称，是居住在以青藏高原为核心地区的一个庞大群体，西羌生活在从巴尔蒂斯坦至川西高原，从阿萨姆平原至河西走廊的广大地区。

黄帝是一个“专治各种不服”的人。《五帝本纪》载，“天下有不顺者，黄帝从而征之。”一个与黄帝同时代的人——炎帝，也来自西北，出自西羌。

在统一了东夷、三苗、九黎等周边部落后，炎黄二帝内讧于坂泉。坂泉之战奠定了中华文明的根基，炎黄成为华夏文明的符号。

三皇（燧人、伏羲、神农）中的燧人氏和伏羲氏出自中原，神农氏（炎帝）出自西羌。五帝（黄帝、颛顼、帝喾、尧、舜）中，颛顼是黄帝的孙子，

帝喾是颛顼的儿子、尧是帝喾之子，一样为西羌血统。

甘青地区曾经是黄帝工作的地方，旧石器时代遗址的发掘研究表明，数万年前就有古人类在那里生活。新石器时代，这里的马家窑文化的发育程度不亚于仰韶文化，它创造了新石器时期彩陶文化的巅峰。

因此，古羌人是华夏民族不可分割的组成部分，对中华民族的形成起到了至关重要的作用。

在古羌人生活的核心地区——青藏高原，在上千年的文明发展过程中，他们因应所处的自然和人文环境，缔造了强大的吐蕃，创造发展了以藏传佛教为核心的藏文明，丰富了中华民族，丰满了中华文化。

同融入了东夷、三苗、百越等成分的汉族一样，藏族也融入了鲜卑（吐谷浑）、匈奴、蒙古等基因。但是，古羌人的血脉将藏汉两兄弟共同带到了中华民族的大家庭之中。

二、同源的藏汉民族和藏汉文化

随着华夏文明的东迁，到了尧帝时期，西羌故地成为流放犯人的地方。《五帝本纪》载，“三苗在江淮、荆州数为乱。于是舜归而言于帝……迁三苗于三危。”三危地，就是今天的青海省。江淮、荆州一带的三苗多次作乱，尧帝采纳舜的建议，将犯人们流放到了三危。

到了夏朝，羌人成为奴隶的代称，是人祭、人殉的首选。即便如此，藏汉双方仍然有着密切的联系。

《周本纪》载，“武王朝至于商郊牧野，乃誓。武王左杖黄钺，右秉白旄，以麾。曰：‘远矣西土之人！’”在克商的牧野之战前，做阵前动员的周武王特意问候了从遥远的西方长途跋涉而来的西羌故人。

周穆王到青海湖边会见西王母的故事广为传颂。西王母不仅款待了周王，还以黄帝之后自居。后来，西王母被演绎成了王母娘娘，成为天界的第一夫人、全真道祖师。由人到神，从竹简到神龛，像一根线，连上下千年、东西万里。这就是历史文化的魅力。

战国时期，西羌故地已进入父系氏族社会，军力开始强盛。《史记·建元以来侯者年表》载，“秦缪用百里霸西戎。”百里奚，秦穆公用五张黑公羊皮从楚国换来的战略家，将目光投向了西方。

百里奚认识到，秦国东进的道路已经被牢牢扼死，建议穆公实行西向发展战略，将羌人的马匹和勇士为己所用，为秦国一统天下奠定了基础。

到了秦汉时期，崛起于蒙古高原的匈奴成为中原王朝长期的作战对象，并逐渐向西羌故地侵蚀。汉武帝时，为了切断西羌与匈奴之间的联系，汉武帝派人进兵西羌地。

《卫将军骠骑列传》载，“骠骑将军逾居延至祁连山，捕首虏甚多。”元狩二年（公元前 121 年）夏，卫青进攻祁连山区，斩首三万二百级，擒获匈奴五个小王。

随即，汉朝在今乐都一带设立临羌县和破羌县，西羌故地开始建制，先进文化和技术开始大范围传播。

在司马迁之后的两千多年里，匈奴人、月氏人、鲜卑人、卫藏人、蒙古人、色目人等先后在此逗留、生息。各种文明在这里相互交融，黄河流域的农业文明、北方草原的游牧文明、四川盆地的巴蜀文明、云贵高原的滇黔文明、西亚的伊斯兰文明，等等，不论物质文明还是精神文明，都日渐丰满，形成了多民族、多宗教融洽相处的和谐格局。

最重要的是，这里形成了独特的藏文明形式——安多文明。这里不仅是朗达玛灭佛后卫藏僧侣的庇护之地，也是藏传佛教后弘期的主要策源地。这里先后走出了宗喀巴、根敦群培和十世班禅等一众名人，还有一位更加有名的人在此结缘，他就是六世达赖喇嘛——仓央嘉措。

同时，在川西高原也形成了多元一体的康巴文明。

据《西南夷列传》载，战国时期，楚威王就已开始经略川西高原。至汉朝，巴蜀先民同川西高原上的牧民进行频繁的贸易，获益颇丰。这里演绎了伟大的格萨尔王传，养育了威猛雄壮的康巴汉子。

虽然现如今早已不是地理决定论的时代，但地理对区域民族文化发展的作用不言而喻。处于民族迁徙要道（费孝通先生称之为“藏彝走廊”，即今横断山脉周边地区），地理环境特殊的西藏和四省（云南、四川、青海、甘肃）藏族聚居区发展出藏文明中的亚文明。

安多文明、康巴文明，加上卫藏文明，同中原文明的多元一体一样，藏文明也是多元一体的，不是单一的、均质的，而是各不相同、各有特色的。藏文明的主要载体——藏传佛教，也是五大教派多元一体，互有区别。

多元才成其精彩，各民族、地域的亚文明丰富、发展了中华文明，是中华文明的血肉。

历史的细节、现代的考古发现一次次证明了这一点：周武王右手所持的白旄，在北海牧羊的苏武所珍藏的汉节，不是别的，正是牦牛的尾巴。青海地区发现了世界最早的面条和黄帝四面铜像。

同样的羌人血统，一样的黄皮肤黑眼睛；同样的汉藏语系，共用600多个共同的词根。虽然同途殊归，从古羌人中走出了包括藏汉等一众民族，但无论是人类学、民族学、考古学，还是历史学、语言学的研究成果，都把汉藏两个民族紧密联系到了一起，融入中华民族之中。

三、要懂得活用故事、善讲故事、讲好故事

记得听一位民俗学家说，他考证了世界上几十个国家的民俗故事，虽然语言各不相同，但内容却大同小异，都来自历史，源自生活，都是劝人向善去恶的。

故事是历史的血肉，是活泼了的历史，是形象化了的生活，最能深入人心，最能吸引人、感染人。在人的社会化过程中，故事起着无可替代的作用。

西王母和文成公主的故事，久经传唱，成为传奇、神话。他们所承载的不仅是历史，更是故事，历史故事。

藏民族是中华民族多元中重要的一体，毛主席曾讲过："各个少数民族对中国的历史都作过贡献……西藏在祖国大家庭里占有很重要的地位。"作为西藏自治区党委讲师团，宣讲工作重点在基层基础，着力点在社会主义核心价值观，爱国是其中最重要的一条，而加强民族团结，增强西藏各族人民的中华民族认同感是题中应有之义。

习近平总书记多次强调，要讲好中国故事，传播好中国声音。青藏高原承载了太多传奇，一部分耳熟能详，而更多的埋在书本里、竹简中。我们应充分挖掘其中真实生动的历史故事，让世人知道。这也是我们宣讲工作贯彻总书记指示，面向党员干部和各族群众的重大职责。

一要活用故事。如果我们走进历史深处，深度挖掘历史故事，通过讲故事的方式应对现实问题，或许会简单很多，有效很多。诸如十四世达赖集团的大藏区论就会变得很荒谬，不堪一击。

二要善讲故事。在讲故事时，要懂得求同存异，把重点放在有利于团结的地方，比如，共同的族源、同质的文化、共享的生存空间。

三要讲好故事。能吸引人、感染人的故事就是好故事，黄帝的传说、周穆王和西王母的故事、卫青驱逐匈奴、上路弘传、抵抗英夷，等等。历史为我们提供了充足的资源，除了《史记》，还有《隋书》《唐书》《新唐书》《清史稿》，等等，取之不尽，用之不竭。

我们就是要通过挖掘真实生动的历史故事，让西藏自古以来就是中国领土不可分割的一部分的史实深入人心，让藏民族自古以来就是中华民族多元一体必不可少的组成部分的观念深入人心，这是我们的时代使命，任重而道远！

以上就是我读《史记》的一点心得。

编者